F. MÉTELLE.

SOUVENIRS

D'UN

ZOUAVE

DU 3e RÉGIMENT

SUR LA

Campagne de 1870-71.

En vente chez tous les Libraires.

ROUEN,

IMPRIMERIE DE H. BOISSEL, SUCCr DE A. PÉRON,

Rue de la Vicomté, 55.

1872.

SOUVENIRS

D'UN

ZOUAVE.

SOUVENIRS

D'UN

ZOUAVE

DU 3e RÉGIMENT

SUR LA

Campagne de 1870-71.

ROUEN,
IMPRIMERIE DE H. BOISSEL,
Rue de la Vicomté, 55.

1872.

AVANT-PROPOS

J'ai hésité bien souvent, avant de me décider à écrire ce livre, car je ne me dissimulais nullement la difficulté que j'éprouverais, même en abordant succinctement les faits qui y sont relatés, pour dire vrai et avec toute la réserve possible. — Dans le cours de mon récit, j'ai peut-être oublié par moments cette réserve, mes impressions étant plus fortes que ma volonté; il ne pouvait, du reste, en être autrement.

En l'écrivant sous forme anecdotique, je me sius attaché surtout à démontrer les abus dont j'ai été personnellement témoin.

Je n'ai eu qu'un but : dire la vérité, un peu crûment peut-être, mais je l'ai dite.

Au surplus le public jugera !

Pourtant si, à mon insu, quelques inexactitudes, quelques fautes, dis-je, de faits ou de langage, se trouvaient exister, qu'il veuille bien me les pardonner et m'accorder toute son indulgence pour mon premier début dans la vie littéraire.

L'AUTEUR.

SOUVENIRS

D'UN

ZOUAVE

DU 3e RÉGIMENT

SUR LA

Campagne de 1870-71.

I.

Malgré l'écrasante majorité qu'avait obtenue, au plébiscite de mai, le gouvernement de Napoléon III, celui-ci voyait clairement qu'il s'usait et n'avait de chance pour maintenir sa dynastie en France, que dans une guerre avec la Prusse, laquelle, pour le cas de succès, relèverait son prestige bien diminué déjà au sein des masses, et l'autorité de son gouvernement fortement ébranlée par une presse systématique, les républicains avancés et les sectaires d'idées socialistes.

Il ne pardonnait pas à cette puissance ses derniers agrandissements et la façon dont il avait été joué à Biarritz par son habile ministre M. de Bismark, car, après Sadowa, lorsqu'on réclama la part du gâteau pris à l'Autriche, ce dernier répondit à l'empereur par l'organe d'un de ses compères, monté à la tribune de la chambre des députés à Berlin, que la Prusse le trouvait trop bon et qu'elle aimait mieux le manger seule.

L'incident Hohenzollern-Prim, vint dans les premiers jours de juillet donner prétexte à la guerre, et Napoléon, pour les raisons indiquées ci-dessus, poussé du reste, par une coterie militaire, présomptueuse, forte sur le *far-niente*, et par son ministère, si bien dirigé alors par l'homme au cœur léger, sûr d'avance de l'approbation des chambres, résolut de la déclarer.

Je ne sais s'il a été abusé par la situation militaire de la Prusse, ou si la connaissant, il comptait sur un grand coup au début de la campagne, avec l'espoir de négocier la paix aussitôt ; mais n'anticipons pas.

Le ministre de Grammont commença d'abord les hostilités par cette fameuse déclaration au Corps Législatif que tout le monde connaît.

Et quelques jours après, le 19 juillet, si j'ai bonne mémoire, la déclaration de guerre de la France était remise à la Prusse.

M. de Bismark, qui se préparait depuis longtemps à cette guerre, fut enchanté de voir les choses prendre cette tournure, car à son instigation secrète, l'affaire Hohenzollern n'avait été mise à jour que pour les besoins de sa politique, aussi se promit-il bien de profiter largement de la partie qui lui était offerte. L'avenir l'a prouvé, trop malheureusem en.

II.

Je travaillais au moment de la déclaration de guerre, dans une étude de notaire du département de l'Aisne ; la mobile de laquelle je faisais partie, venait plusieurs jours après d'être appelée à l'activité ; incertain sur ma position et avide de nouvelles, je quittai mon étude et partis pour Paris.

Je m'installai au quartier latin.

Je fis la connaissance de plusieurs étudiants avec lesquels, chaque jour, nous parcourions les rues de Paris, toujours à la recherche de faits nouveaux.

Décrire la physionomie de Paris à cette époque serait assez difficile, j'ai remarqué pour ma part que la fièvre de se battre le gagnait, et que la légèreté inséparable de notre caractère, tant reprochée par les étrangers, l'empêchait de se rendre compte de l'abîme dans lequel on entraînait le pays.

Cette légèreté incroyable, cette confiance aveugle, gagnaient même des généraux à la tête de l'armée qui eux, intérieurement, devaient savoir mieux que personne le fond des choses sur notre infériorité vis-à-vis de l'armée prussienne, si je me rappelle le propos suivant, que me tenait à une gare de l'est, et le plus franchement du monde, un général, M. de X..., commandant une division de cavalerie légère, à Versailles : « Je suis sans « inquiétude sur le résultat de la campa- « gne, et vous pouvez être certain que « nous battrons les Prussiens. »

Je partageais à ce moment l'engouement général et ne doutais pas non plus du succès ; comme chacun devait payer cher ses illusions !

Pouvait-on, du reste, douter, quand un ministre de la guerre venait de dire à la commission du Corps législatif avec la présomption qui distinguait alors les hommes du pouvoir : « Que tout était si « bien prêt, qu'on ne trouverait pas aux « guêtres des soldats un seul bouton « manquant. » L'histoire n'oubliera pas ces mots du maréchal Lebœuf.

La gare de Strasbourg était encombrée, chaque jour, de troupes se rendant à la frontière ; elles étaient pleines de patriotisme, et ne doutaient pas un seul instant de leur entrée prochaine à Berlin.

La garde impériale vint à son tour prendre le chemin de fer, et chacun put admirer la tenue fière et martiale de cette troupe d'élite ; assurément, en voyant ces hommes, il n'entrait dans l'esprit de personne que nous serions battus ; leurs costumes chamarrés sur toutes les coutures, leur donnait un aspect qui flattait l'œil des amoureux du clinquant. Il eut été préférable qu'il y en eût eu moins et davantage de fonds. Les Allemands eux, sont plus pratiques : ils laissent de côté l'inutile pour s'attacher aux choses essentielles.

Napoléon partit à son tour de Saint-Cloud par le chemin de fer de ceinture pour se rendre à l'armée du Rhin, dont il prenait le commandement; il emmenait son fils avec lui; on remarqua qu'il ne passait pas dans les rues de Paris; craignait-il les ovations douteuses de la population, ou, si n'ayant pas la conscience tranquille, voulait-il s'y dérober en s'abstenant de parcourir les boulevards, comme il l'avait fait lors de la campagne d'Italie?

Il avait pour chef d'état-major général le ministre de la guerre, M. le maréchal Lebœuf.

III.

La campagne fut ouverte par la bataille de Saarbrück, qui resta à notre avantage ; il est vrai que nous avions engagé un nombre d'hommes supérieur aux Prussiens. La victoire nous était donc facile. On essaya dans cette bataille les mitrailleuses qui firent, selon l'expression de de Failly, aussi merveille.

C'est à la suite de cette bataille que l'empereur adressait à l'impératrice, cette dépêche ridicule, où il disait notamment en parlant de son fils : « Que celui-ci avait « ramassé une balle sur le champ de ba- « taille et que les soldats en le voyant en » pleuraient de joie. »

Ceci valut au prince impérial l'épithète de : *Jeune ramasseur de balles de Saar-*

brück, que le peuple français, toujours moqueur et caustique, lui a gardé.

Il doit en remercier monsieur son père, c'est à lui d'abord qu'il le doit.

En vérité, il fallait que cet homme fût fou ou que son sens moral fût bien abaissé, pour publier de pareilles stupidités; j'aurais compris la chose dans l'intimité, mais certainement pas ainsi.

Je me rappelle toujours une gravure que j'ai vue en Suisse, faite en Allemagne, représentant la scène de la balle ramassée à Saarbrück : les personnages qui y sont tirés en caricature vous donnent, en les voyant, l'envie d'un fou rire.

Quand le combat de Saarbrück fut connu à Paris, personne ne s'étonna du succès. On avait été si bien habitué à vaincre, qu'on se serait refusé de croire à une défaite.

Il fallut pourtant en convenir quelques jours après, lorsque les Prussiens surprirent à Wissembourg la division du général Douay, qu'ils écrasèrent, malgré l'héroïque défense de celle-ci, qui leur tua plus de monde qu'elle n'était composée elle-même.

Les Prussiens virent bien là, qu'à nombre égal d'hommes, ils seraient toujours battus, que le courage du soldat français était toujours le même, et qu'ils n'en viendraient à bout, sachant notre disproportion de forces, que par masses concentrées et avec beaucoup d'artillerie ; la tactique était bonne et elle leur a réussi.

Personne n'ignore aujourd'hui que les Prussiens avaient aux frontières 1,200,00 hommes, et que nous avions à peine, quoiqu'en eût dit le ministre Lebœuf, à leur opposer 300 et quelques mille hommes, armés, il est vrai, de bons fusils, mais complétement dépourvus d'artillerie et de vivres ; disséminés en plusieurs corps à vingt lieues de distance et ne pouvant, à un moment donné, opérer une concentration rapide.

Des hommes spéciaux m'ont dit bien souvent et je les crois, que si l'armée française n'avait pas été autant disséminée, nous aurions pu, avec une masse ou deux, disputer à l'ennemi le passage du Rhin, et attendre là qu'on pût en France organiser de nouvelles forces, qui seraient venues à l'aide de celles engagées. Ou bien, aussitôt qu'on fût au Rhin, envahir précipitamment les états du sud de l'Allemagne, et empêcher ceux-ci de fournir leurs contingents à la Prusse qui, réduite à ses propres forces, eût eu à compter plus sérieusement avec nous. « La victoire est « dans les jambes, disait Napoléon Ier, » et il avait raison, on eut dû mieux le comprendre.

Mais non, au lieu de cela, on resta tranquillement à la frontière à tergiverser, on ne savait, du reste, par où commencer; il y avait à la tête de l'armée des incapacités qui, bien sûr, n'avaient aucun plan sérieux et laissaient au hasard le soin de débrouiller les choses.

L'affaire de Wissembourg chagrina le pays, et à Paris on le ressentit plus qu'ailleurs; pourtant on voulut pallier la chose, en se disant que c'était de ces incidents qui arrivaient journellement à la guerre et qu'il n'y avait pas lieu de s'en étonner, que sûrement Mac-Mahon, sur lequel on espérait beaucoup, ferait payer cher aux Prussiens leurs premiers succès.

Paris, après cette réflexion, reprit son entrain ordinaire, on n'en continua pas moins à chanter toutes sortes de chants belliqueux et patriotiques, mélangés de par-ci par-là : *Bismark, si ça continue, de tous tes Prussiens, il n'en restera guère, etc.* Ou bien : *A Berlin! à Berlin!* que chacun prenait plaisir à crier à tort, à travers.... et tout alla le mieux du monde.

IV.

Mac-Mahon voulut venger la défaite de Wissembourg en attaquant, le 6 août, les Prussiens massés dans les bois, aux environs de la Saâre, près des villages de Freiswilher et Reischoffein.

Son corps d'armée était de 40,000 hommes environ, et le général de Failly avec le sien, devait opérer sa jonction avec le maréchal, à midi précis.

Les Prussiens lui opposèrent d'abord 60,000 hommes, qu'il battit ; à midi, ils reçurent un renfort de 40,000 hommes, qui fut aussi battu par le maréchal, quoique déjà épuisé ; il était près de trois heures après midi, et de Failly n'arrivait pas.

A ce moment les Prussiens reçurent un

nouveau renfort de 60,000 hommes, amené par le prince Frédéric-Charles, je crois, ce qui porta leur armée à 150,000 hommes environ.

Le maréchal de Mac-Mahon, abandonné à lui-même, et ne voyant pas de Failly arriver, se vit perdu et incapable de résister.

Il lança alors toute sa cavalerie pour sauver le reste de son armée. Il était cinq heures du soir, et à ce moment il ordonna la retraite.

De Failly arriva néanmoins à six heures, juste au moment où il n'était plus nécessaire, puisque nous étions battus; deux divisions de son corps d'armée soutinrent la retraite.

Ce général donna la cause de son retard, en prétextant que les chemins étaient mauvais et qu'il lui avait été impossible d'arriver plus vite. Excuse bien banale, lorsqu'on est prévenu d'un mouvement et qu'on sait qu'un retard, quelque léger qu'il soit, décide du sort d'une bataille.

La vérité est que chacun tirait de son côté, sans s'inquiéter si on pouvait être utile à son voisin, et qu'on se jalousait entre soi. Défaut d'une direction ferme et absolue, qui ne se faisait sentir nulle part.

Les Prussiens avaient bien raison de dire, quand ils s'exprimaient sur notre compte : *Que nous étions une armée de lions, conduits par des ânes.*

Le maréchal de Mac-Mahon, l'un des maréchaux les plus aimés de l'armée, dont le corps était composé entièrement des troupes de l'armée d'Afrique, qui s'étaient battues avec le plus grand courage toute la journée, vit avec douleur ces troupes d'élite, décimées, épuisées et impuissantes à arrêter la marche de l'armée prussienne.

Cette bataille fut appelée la bataille de Reischoffein.

Quand on sut la nouvelle de la défaite de Mac-Mahon à Paris, ce fut une consternation et une rage; on vit clairement dans quel affreux pétrin on nous avait fourrés, et on commença une bonne fois à ouvrir les yeux, mais malheureusement trop tard.

Les boulevards, le soir, présentaient une animation extraordinaire, et chacun pérorait à l'envi sur les nouvelles affichées le matin; on ne parlait rien moins que d'armer toute la population valide et de courir sus aux Prussiens, comme si la chose était aussi facile à faire qu'à dire.

Il fallait plutôt maudire ce gouvernement qui, pour ses intérêts personnels, sans armée, sans hommes pour la commander, sans canons, sans vivres, sans organisation, avait précipité la France dans un abîme profond, en la heurtant à une puissance préparée de longue main à cette guerre, ayant une armée nombreuse, parfaitement disciplinée, une artillerie immense et l'état-major le plus instruit de l'Europe.

A la suite de cette bataille, le ministère Ollivier donna sa démission; l'impératrice-régente chargea le général comte de Palikao de la formation d'un nouveau cabinet, et convoqua les chambres à bref délai.

V.

On n'espérait de salut que dans les chambres, et chacun attendait avec anxiété le jour de leur réunion.

Ce jour arriva, j'allai en curieux voir en avant du Corps Législatif, sur la place de la Concorde, ce qui s'y passait.

Je constatai d'abord un déploiement de forces considérables, commandées en personne par le maréchal Baraguey-d'Hilliers.

Ces troupes, composées en partie de cavalerie, d'infanterie de marine et de garde nationale, entouraient le palais du Corps Législatif et fermaient toutes les issues y conduisant, soit par les rues ou par les ponts sur la Seine.

Ce déploiement de forces mécontenta

gravement la population qui, sympathique aux gardes nationaux, fut froide à l'égard de la troupe, trouvant que sa place n'était pas ici ; elle avait raison. On l'accueillit aux cris de : *A la frontière* ! Quelques officiers supérieurs hués par la foule, eurent le bon esprit de répondre qu'ils n'étaient pas là pour leur plaisir et que leur désir était d'y être à la frontière, furent applaudis et on cria : *Vive le colonel ! vive le, etc.*, en ajoutant : *C'est un brave homme celui-là, il a une bonne figure, etc.* Un bon à-propos satisfaisait immédiatement cette foule, surexcitée déjà par toutes sortes de bruits contradictoires, auxquels elle s'intéressait vivement.

Je dois dire que la place de la Concorde, à ce moment, présentait une affluence de plus de cent mille personnes, impatientes de savoir quelles mesures de défense on allait prendre.

Je restai là, comme tout le monde, au moins six heures à la même place.

On voulut plusieurs fois faire évacuer,

mais sans succès ; des charges furent même faites par les gardes de Paris.

Un de ces gardes s'en trouva mal, car portant une dépêche au ministère de la justice, il faillit être écharpé par la foule et fut obligé de rebrousser chemin.

Même aventure arriva à un cuirassier porteur également d'une dépêche : la foule se jeta sur lui et le désarma, mais, sur l'observation qu'il n'appartenait pas à la garde de Paris, qu'on détestait d'une manière toute particulière, on lui rendit son sabre ; le militaire salua et disparut.

Un incident aussi que j'ai remarqué : la garde nationale venait prendre position aux abords du palais Législatif et, passant devant la foule, celle-ci lui disait : *Vous ne tirerez pas sur nous, vous ? Non ! non ! jamais !* répondaient ces braves gens qui pleuraient en voyant nos malheurs, et des cris de : *Vive la France ! Vive la garde nationale !*

Enfin la séance du Corps Législatif se termina et peu à peu les députés sortirent.

Je rencontrai d'abord la voiture de M. Jules Simon, député de l'opposition qui, en un clin d'œil, fut entourée par la foule, et lequel, interrogé sur les décisions de la chambre, répondit : *Qu'avant tout il conseillait l'union et que, quant au pays, rien ne serait négligé pour le défendre.*

Puis, divers autres députés vinrent aussi à passer et rassurèrent la foule sur la défense du pays, en l'engageant d'avoir confiance.

Vint aussi M. de Kératry qui, plus mécontent, dit en parlant de Napoléon : *Que c'était un c......*

Lorsque la foule se retira pour rentrer chez elle, vint à passer un jeune prêtre sur la place de la Concorde ; celle-ci, ne sachant plus que faire, se mit à la poursuite de ce prêtre en criant : *A la frontière !* ce dernier n'échappa à sa fureur qu'en entrant dans le jardin des Tuileries, dont les grilles furent aussitôt fermées.

La séance du Corps Législatif avait été

orageuse en paroles et en actes, si on se rappelle le soufflet que donna M. Estancelin à M. Chevandier de Valdrôme, ministre de l'intérieur, à ce qu'on assure.

La chambre avait adopté différents projets de loi, augmentant les forces militaires de la France.

VI.

Quelques jours après les événements que je viens de raconter, et ne recevant pas ma feuille de route comme mobile, je n'y tenais plus et contractai un engagement volontaire pour la durée de la guerre, au 3e régiment de zouaves, dont le dépôt est à Philippeville (Algérie).

Mon engagement fut reçu à la mairie du VIIe arrondissement de Paris, quartier Saint-Sulpice, le 13 août.

Le lendemain j'allais à l'intendance prendre ma feuille de route qui me dirigeait tout de suite sur mon dépôt, et je partis en chemin de fer pour Marseille.

Nous étions une quantité de monde dans les wagons, tous engagés volontaires comme moi, rejoignant aussi leurs dépôts en Afrique.

Si Paris a des défauts, Paris a aussi du bon, et c'est la ville où le patriotisme s'est fait le plus vivement sentir, si j'en ai jugé par le nombre des jeunes gens qui ont pris du service volontairement, et qui se chiffrait par cent mille.

Les grandes villes du Midi qui crient beaucoup et ne font que cela, à proportion, n'en ont pas donné autant.

Arrivé à Marseille, on nous y laissa huit jours, et nous fûmes casernés aux forts, on couchait sur des planches, le peu de lits qu'il y avait étant occupés par la garnison.

J'ai toujours à la mémoire une aventure arrivée au fort Saint-Jean, où j'étais, à un capitaine d'un régiment de ligne, en garnison alors à Marseille. Les nouveaux arrivés mangeaient très irrégulièrement et quelquefois on ne leur donnait rien du tout, ce qui, un beau jour, excita leurs plaintes. L'officier en question vint à passer dans la cour, et l'on réclama à lui directement. Il envoya promener les réclameurs assez brutalement, quoique ceux-ci fussent dans leur droit, car, en définitive, tout le monde n'avait pas d'argent pour continuellement manger à ses frais ; et avant toute chose il faut manger : on ne se découragea pas, et on réclama de plus belle, ce qui mit l'officier fort en colère. Il ordonna à un poste non loin de là de nous charger à la baïonnette. Les soldats s'y refusèrent, et lui, furieux, s'élança la canne à la main sur un engagé un peu lourdaud, paraissant être de la campagne et le frappa ; mal lui en prit, car notre homme, s'emparant à son tour de cet officier, lui administra une volée de coups de poings et de coups de pieds au grand contentement de tout le monde et du poste, qui laissa faire ; je ne sais ce qui serait arrivé si plusieurs autres officiers n'étaient accourus au secours de leur camarade, qu'ils délivrèrent des mains du terrible engagé.

Je ne relate pas ce fait pour encourager à l'indiscipline, loin de là, mais je tiens à faire voir quels officiers on avait, et s'il était possible, avec ces gens-là, qui se moquaient du soldat et de ses besoins comme de l'an quarante, pourvu qu'ils fussent bien, eux, de gagner des batailles.

Si cet officier avait compris son devoir, il aurait fait droit à la réclamation, ou s'il ne le pouvait, il eut donné une raison quelconque, assurément il eut évité cet incident fâcheux.

Voyez les Allemands, eux, leurs officiers surtout s'inquiètent de leurs soldats et de leurs besoins. L'officier français, point! il est trop aristocratique pour cela!

Comme je l'ai dit plus haut, nous restâmes huit jours à Marseille, et je pus, lorsque nous sortîmes, visiter cette ville tout à mon loisir.

Je commençai d'abord par la Cannebière, que les Marseillais vantent tant; c'est en effet très beau! la rue est spacieuse, les maisons bâties dans le genre

Haussmann sont du meilleur goût, et le tout est garni de très jolis magasins; on rencontre dans cette rue de forts beaux cafés, qui n'ont rien à envier à ceux de Paris.

Ma visite se continua à Notre-Dame-de-la-Garde, chapelle bien connue des touristes, située au haut d'un rocher et d'où on domine la mer et la ville.

Ensuite j'allai voir les deux ports, celui de la Joliette, je crois, et le vieux port, tous deux forts curieux.

Là vous apercevez ces innombrables navires faisant avec le monde entier un commerce considérable, et cette animation que produit le chargement et le déchargement des navires.

Puis, je continuai à visiter les autres curiosités de Marseille, qui sont fort belles, entre autres les musées.

J'allai un autre jour au château d'If, situé à une lieue en mer; j'entrai dans cette prison qu'Alexandre Dumas a rendue si célèbre par son roman de Monte-Cristo.

Tous les visiteurs du château d'If peuvent se procurer une petite brochure que l'on y vend et qui contient l'historique de ce château.

Une chose que j'ai vivement remarquée à Marseille et qui m'a choqué, entre parenthèse, ce sont, ces inscriptions toutes de même, que vous rencontrez dans chaque rue, tous les cinq ou six pas : *Lieux d'aisances publics*!

J'étais quelque peu étonné, dans le Nord rien de semblable n'existe.

Ce sont des gens pratiques, les Marseillais, et qui songent à... beaucoup de choses ; mais c'est par trop... drôle.

Cela me rappelle un bon mot d'un de mes camarades auquel l'on demandait ce qu'il avait vu à Marseille : « Je n'y ai vu que des lieux d'aisances ! » répondit-il.

D'un autre côté, j'ai pu me rendre compte aussi de certains moyens employés par une classe commerçante pour s'attirer de la clientèle, moyens qui répugnent à la morale et sont peu honorables pour ceux qui les emploient et ceux qui s'y prêtent; mais dans le Midi, on n'y regarde pas de si près, et ceci donne une idée parfois triste de leurs mœurs.

Il s'agit de ceux qui vendant, soit du liquide, soit des provisions de bouche, ont à l'intérieur de leurs maisons de jeunes femmes en toilette tapageuse, dont le rôle est d'être exclusivement chargées d'attirer par leurs..... agaceries, les clients.

Quelquefois ces femmes dépassent leur rôle, et quoique je ne sois certainement pas bégueule, j'ai trouvé la chose par trop dégoûtante.

La veille de mon départ de Marseille, fatigué d'une longue course, je me reposai sur un lit de soldat à la caserne, c'était la première fois; jusqu'alors j'avais couché en ville, aucun appel n'étant fait du reste, ceux qui avaient de l'argent pouvaient ne pas rentrer aux forts; j'attrapai pour mon début, dans la vie de soldat, ce que celui-ci appelle des..... grenadiers, il y avait bien quatorze ans que je n'avais vu d'hôtes semblables, j'en étais fort ennuyé ; je voulus m'en débarrasser immédiatement par un bon bain que je pris dans la mer, rien n'y fit; j'ai eu le plaisir de posséder ces aimables bêtes tout le temps de la campagne.

C'est un des agréments du soldat, pourtant on s'en passerait.

Les journaux de Marseille m'apprirent depuis mon départ de Paris qu'on s'était battu avec les Prussiens à Gravelotte, Mars-Latour, Jaumont, etc., etc., avec alternative de succès et de revers.

Le maréchal de Mac-Mahon, après Reischoffen, s'était replié au camp de Châlons, et reformait son armée qu'on grossissait de deux nouveaux corps, que devaient commander les généraux Vinoy et Trochu.

On n'avait pu empêcher la marche des Prussiens sur Paris, et le prince-royal s'avançait avec son armée.

Les défenses de Paris étaient poussées avec activité, des pièces de marine y avaient été envoyées pour armer les remparts et les forts, et chacun était déterminé à se défendre.

Trochu, quelque temps après, fut nommé gouverneur militaire de la capitale.

Enfin, un beau matin, nous partîmes de Marseille pour Toulon, où nous devions être embarqués.

Notre départ s'effectua à deux heures de la nuit.

VII.

Nous étions à Toulon à six heures du matin; notre détachement était conduit par un capitaine de la garnison de Marseille.

Il paraît que les officiers de cette garnison avaient la manie de frapper leurs soldats, car celui-ci, à la descente du chemin de fer, sous prétexte qu'un de ceux qu'il conduisait ne se rangeait pas assez vite, lui flanqua un soufflet; ce militaire ne riposta pas, mais nous étions indignés de nous voir menés de cette façon, et on se promit, s'il nous conduisait à notre dépôt, de le jeter à la mer.

Je cite tous ces petits détails, pour que le lecteur se fixe bien sur le degré d'estime que l'officier et le soldat se portaient mutuellement, et soit bien convaincu que mille faits, différents peut être, se passaient ailleurs, lesquels ont certainement contribué à la désorganisation de l'armée et à cet état d'indiscipline tant reprochée aux soldats, indiscipline provoquée par les actes mêmes des officiers.

On nous fit entrer dans une caserne, et on plaça des factionnaires aux portes.

Nous n'avions pas mangé depuis notre départ de Marseille ; midi était sonné et rien ne venait ; on commença à murmurer, nous attendions là du reste depuis plusieurs heures : personne n'avait non plus reçu de prêt depuis dix jours que chacun de nous appartenait à l'armée.

Mécontents, on trouva une porte donnant sur le derrière de la caserne, où aucune sentinelle n'avait été placée ; elle fut enfoncée et on sortit.

Une députation alla chez le commandant de place et à l'intendance réclamer ; nos plaintes furent écoutées et quelque temps après nous avions du pain et on nous payait. Nous eûmes aussi la liberté de sortir.

Mais dans la nuit on reçut l'ordre de se tenir prêts à être embarqués le matin.

En effet, dans la matinée nous montions à bord du navire de guerre *l'Intrépide*, au nombre de 4,000 hommes environ; à midi le navire prenait la mer pour voguer vers les côtes d'Afrique.

La traversée fut assez bonne, quoique lente, et pour ma part je ne souffris pas trop du mal de mer.

Seulement à bord du navire la nourriture fut exécrable.

On faisait deux repas par jour, et messieurs les marins nous apportaient des plats de leur confection, consistant en un petit baquet de soupe et de viande détestables, dans lequel un groupe de 15 à 20 hommes barbotait tout à son aise.

Le quart de vin que l'on donnait à chaque repas était bon; quant au café le matin et au ratafia, espèce d'eau-de-vie de mer, c'était de la véritable saleté.

Si l'on est bien en mer, ce n'est assurément pas sur les navires de l'Etat.

Pas le moindre hamac pour se coucher, on dormait sur le pont du navire ou dans les batteries, roulés dans des couvertures si on en avait.

Je restai une journée sans manger en voyant cette cuisine qui me dégoûtait, mais enfin la faim se faisant sentir, je dus faire comme les autres.

Quelques passagers souffrirent énormément de cette nourriture; plusieurs se jetèrent, sous l'empire de la fièvre chaude, à la mer; d'autres ne purent en manger, et moururent de besoin.

Pendant la traversée, quelques Parisiens, gens de faubourg et gavroches dans toute l'acception du mot, amusaient par leurs lazzis et comiques histoires tout l'équipage et les autres passagers. Le temps se passait ainsi et l'ennui vous gagnait moins.

Enfin nous vîmes un matin, au soleil levant, les côtes d'Afrique.

Nous arrivions devant Alger.

On débarqua seulement les engagés de cette province ; quant à nous, nous dûmes rester à bord du navire, ce qui nous chagrina fort.

Bref, deux jours après, nous étions à Stora, petit port en avant de Philippeville, où, à notre tour, nous débarquâmes.

VIII.

J'éprouvai une certaine émotion en mettant le pied sur le sol africain ; je contemplai avec bonheur la nature du lieu, ces montagnes qui, par leurs formes, n'ont rien de commun avec les nôtres, et où l'on rencontre à chaque pas des amandiers, des figuiers, des palmiers, des orangers et toutes sortes d'arbustes que le climat froid de l'Europe se refuse à produire.

Cette végétation, encore dans toute sa force et sa beauté, répandue sur un terrain aride et parfois désert, réjouissait délicieusement l'imagination de tout homme sensible à ce qui est beau.

J'étais heureux d'avoir pu faire ce voyage

que je n'eusse jamais fait sans la guerre, et qui me procurait le plaisir de voir toutes ces belles choses.

En continuant notre route pour arriver à Philippeville, situé à une lieue et demie de Stora, nous commençâmes à apercevoir quelques figures arabes. Ces figures, quoique pas belles, me firent énormément de plaisir ; je considérais attentivement ces hommes pour la plupart bronzés, grands, secs, nerveux, avec des yeux noirs et brillants, une figure énergique, et revêtus du costume de leur pays, et ne pouvais m'empêcher de songer qu'autrefois ils formaient un grand peuple, et qu'il avait fallu de bien grandes causes pour l'amener à sa décadence.

Nous arrivâmes à Philippeville ; cette ville, située au bord de la mer, est essentiellement commerçante ; sa population, évaluée à une douzaine de mille hommes, est composée en dehors de la population indigène, de Français pour la majorité, d'Espagnols, d'Italiens et de Maltais. La rue principale, qui part de la mer à la porte de Constantine, est assez belle et a ses arcades comme le Palais-Royal et la rue de Rivoli, à Paris.

Les environs de Philippeville sont très beaux et sont cultivés par des Européens. Il n'est pas prudent pourtant de s'y aventurer le soir, car messieurs les Arabes ne sont pas toujours remplis de délicatesse à votre égard, ils ont de ces maudits usages qui, lorsqu'ils ne vous tuent pas, vous gênent pour l'avenir considérablement.

Souvent il y a des rixes entre eux et les soldats, risques qui se terminent toujours par mort d'homme ; ce cas est arrivé pendant mon séjour dans cette ville. Deux engagés aux zouaves se prirent de querelle avec des Arabes, et ceux-ci en grand nombre tombèrent sur ces derniers qu'ils blessèrent grièvement ; un mourut quelques heures après et l'autre n'en valait pas mieux ; il est vrai qu'ils avaient, ces derniers, tué un Arabe aussi. On fit des patrouilles toute la nuit et on donna des ordres au camp, en avant de la Casbah, pour le cas d'une attaque. Rien de pareil n'arriva heureusement.

A Philippeville, on nous installa dans des tentes montées en avant de la Casbah; nous y restâmes quinze jours à manger, boire, dormir et à ne faire rien d'autre chose.

Les fusils manquaient pour nous exercer; quant aux vêtements militaires, les magasins en étaient vides; rien à nous donner enfin. Comme il y avait loin de la vérité en voyant tout cela à ce que disait M. Lebœuf sur les ressources.

On pourra objecter que personne ne s'attendait à une pareille avalanche d'engagés; mais est-ce qu'une administration sérieuse et intelligente doit être imprévoyante au point d'être prise au dépourvu à un moment donné ? Pourquoi n'avoir pas de réserve ?

Ces faits sur lesquels on ne s'attache pas assez, quoiqu'ils aient été répétés partout, prouvent une chose, c'est que le pays a été continuellement trompé sur ses véritables ressources, et qu'il le sera toujours s'il n'y a des réformes nécessaires et un contrôle fait par le pays lui-même.

Pourtant on fit quelques distributions d'effets, insuffisants aux besoins, car comptant être habillés immédiatement on n'avait rien de rechange; un grand nombre d'entre nous étaient déguenillés! C'était honteux! La population elle-même nous en faisait la remarque, ajoutant que nous étions bien misérables.

D'un autre côté, cette vie inactive que nous menions était abrutissante, on ne savait quoi faire; la seule distraction que l'on avait se bornait à aller au café ou à un méchant casino, dont les sujets étaient d'horribles mégères, moins une Espagnole qui n'était pas tout-à-fait désagréable.

La promenade était à peu près aussi votre seule occupation : vous aviez les bords de la mer, où vous pouviez vous baigner chaque jour; on variait, en allant au quartier arabe prendre du café à deux sous. Là, vous voyiez installés, soit dans la rue ou dans l'intérieur des maisons, les indigènes jouant toute la journée aux cartes, assis sur des tapis et qui vous présentent, lorsque vous entrez chez eux, le chibouk traditionnel ; vous leur faite beaucoup d'honneur en acceptant.

Ces gens-là sont curieux à voir, notamment leurs femmes, dont la figure est recouverte d'un voile la cachant entièrement, moins les yeux ; mais ils ne pèchent pas par la propreté, surtout ceux de la basse classe.

Le dépôt attendant d'autres engagés volontaires de France, nous fit débarrasser le plancher en nous envoyant à Constantine.

Nous fûmes une journée à y arriver par le chemin de fer ; nous traversâmes d'immenses plaines couvertes de troupeaux de bœufs et de moutons.

Ceci me fait songer à dire que la vie en Algérie est à très bon marché, et qu'avec peu d'argent vous pouvez vous procurer beaucoup de bien-être.

Durant ces quinze jours, les événements militaires avaient marché en France, et quoi qu'en disent à ce moment les dépêches officielles, on n'était pas rassuré sur la situation et les Prussiens avançaient toujours.

On espérait dans la jonction des deux armées de Bazaine et de Mac-Mahon pour opposer une grande masse à l'ennemi; malheureusement la jonction ne s'est jamais faite. Ne l'a-t-on pas voulu? l'histoire, sûrement, dira la vérité. A ce moment-là, on disait encore en parlant de Bazaine : *l'héroïque maréchal*! Metz l'a prouvé qu'il était héroïque.

IX.

Nous couchâmes une nuit à la casbah de Constantine ; le lendemain nous nous établissions à un camp au-dessus de la ville, dont le nom m'échappe, un peu en avant de la caserne des chasseurs d'Afrique. On nous fit faire là l'exercice, mais sans fusils.

Ce camp était commandé par un jeune lieutenant, M. de....., excellent garçon, peu sévère pour le fourbi que se faisaient aux dépens des soldats, MM. les sergents-majors et autres; j'aurai occasion d'en parler plus loin et d'insister sur la nullité du contrôle. qui était exercé pour ce que j'appellerai un vol permanent.

Quand les exercices étaient terminés et

qu'on n'était pas de service, chaque soldat pouvait descendre à Constantine.

Constantine, bâti sur un rocher, n'est pas beau, mais présente de belles défenses naturelles, ce qui explique la longueur de la prise de cette ville par le maréchal Vallée, en 1833.

Quelques maisons européennes lui donnent à présent un assez bon aspect, mais originairement ce devait être bien vilain ; les rues des quartiers habités par les Arabes sont étroites et laides.

Il n'y a de curieux à voir que la place du Gouvernement, place assez fréquentée, un jardin public, dans lequel est la statue du maréchal Vallée ; la mosquée, la casbah, un hôpital neuf qui domine toute la ville, et un pont en fer, en dehors de l'enceinte naturelle, construit tout récemment.

J'ai remarqué particulièrement la tranchée naturelle, en forme de zig-zags irréguliers, qui entoure aux trois quarts la ville.

C'est à Constantine que je vis aussi

pour la première fois ces beaux chevaux arabes, si connus de ceux qui s'intéressent à la race chevaline.

Vous les voyez pétillants et pleins de feu courir les montagnes avec leurs cavaliers qui, certainement, ne s'aperçoivent pas qu'ils sont à cheval, tant la marche des chevaux arabes est vive, prompte et douce.

Je voudrais être riche et pouvoir en avoir un, j'en serai bien heureux.

J'enviais un jour, monté sur un de ces chevaux, un chef arabe dans toute la beauté et la grâce de son costume oriental, recouvert par un burnous rouge flottant au gré du vent, avec de longs éperons à ses bottes molles, qui reposaient sur un large étrier aussi à la mode orientale; c'était splendide.

Noüs reçûmes au camp encore quelques effets, notamment des chemises, des pantalons de toile et des chaussures, mais nous ne fûmes pas encore habillés.

On était tellement déguenillés, que le

général avait fait défendre de descendre dans cet état à Constantine ; était-ce notre faute à nous ?

Au bout de douze jours on reçut ordre de lever le camp et d'aller l'établir à celui de Djebel-Ouack, à deux lieues de Constantine, sur la route de Batna, si je ne me trompe.

Nous étions installés à ce camp le lendemain, au nombre de 5 à 600 hommes, commandés par l'officier dont j'ai déjà parlé.

On y souffrit assez, la viande qui nous était apportée chaque jour de Constantine était viciée à cause de son exposition au soleil, avant d'être mise dans la marmite.

Pour les vivres de campagne qui nous étaient dus et que l'on donne aux troupes en Afrique, il n'en avait pas encore été question ; il fallut de nouveau réclamer pour les obtenir, mais les rations étaient bien incomplètes lorsqu'elles étaient distribuées aux soldats ; le sergent-major et le fourrier, dans les mains desquels le tout passait, s'en attribuaient une large part avant la distribution.

En ce qui regarde le prêt, c'était encore un vol manifeste et un tripotage épouvantable ; vous aviez des retenues pour n'importe quel motif, et ces retenues à qui profitaient-elles? à la masse? Malheureusement non, mais bien à ceux qui les avaient faites; on payait aussi des hommes qui, n'étant pas à l'effectif réel, ne figuraient que sur le papier.

Pour les bons de vivres c'était la même chose, on avait toujours soin de demander plus qu'il ne fallait, et ce surplus profitait aux fourriers.

Aussi tous ces messieurs avaient à Constantine des cocottes en titre qui, sûrement, n'étaient pas entretenues avec leurs maigres appointements. Il fallait trouver un biais, et ce biais était le vol au détriment de l'état et des soldats : c'est scandaleux.

Du reste, pas de contrôle nulle part, et

si le contrôle était fait, il l'était par ceux-là mêmes qui avaient intérêt à ne pas se contrôler.

Ce sont des choses malheureuses à dire, mais elles sont strictement vraies.

X.

Je fis au camp la connaissance d'un jeune homme, zouave dans mon régiment, qui avait travaillé dans les bureaux arabes et trouvait le moyen, de simple employé qu'il était, de se faire chaque mois plusieurs cents francs.

J'insistai pour avoir quelques détails sur l'organisation de ces bureaux dont j'avais tant entendu parler, il me les donna, et j'acquis vite la certitude que l'état ne profitait guère des sommes que les bureaux arabes sont chargés de recouvrer ; s'il y a un profit réel, les employés se l'approprient, sans possibilité de réprimer cet abus avec l'organisation actuelle ;

Ils peuvent à chaque moment tromper et rien n'est plus facile.

Ceux qui demandent la suppression des bureaux arabes ont d'excellentes raisons pour cela, et le gouvernement, s'il comprenait à son tour ses véritables intérêts, en ordonnerait la suppression immédiate.

Ce fait me persuade et me fait mettre d'accord avec quelqu'un qui, un jour me parlant de l'Algérie, me disait : *que dans ce pays les administrations n'étaient pas honnêtes.*

A la même époque il m'arriva au camp une aventure qui me nuisit comme avancement tout le temps de la campagne ; je vais la raconter :

Il y avait déjà un mois que nous étions en Algérie, on ne parlait nullement de nous renvoyer en France ; nous savions un peu d'exercice et assez, disait-on, pour se mesurer avec les Prussiens.

La maladie du pays s'empara de nous et quelques vieux soldats, redevenus volontaires, imaginèrent d'envoyer au général divisionnaire, M. Périgot, à Constantine, une pétition signée préalablement de tous les soldats du camp, mais en dehors des chefs, demandant notre renvoi en France et notre incorporation immédiate au régiment faisant partie de l'armée du Rhin.

Je fus chargé de cette pétition que je rédigeai; déjà elle se couvrait de signatures, lorsqu'un sergent, je crois, voyant ces allées et venues de tente à tente, voulut voir ce qui s'y passait; il surprit un soldat en train de signer, il demanda l'écrit, qu'on lui refusa. Immédiatement il fit son rapport au lieutenant, qui m'appela.

Celui-ci demanda la pétition qu'on ne pût lui remettre, puisqu'elle avait été détruite; il crut voir dans ce fait des actes d'insubordination et les exagéra outre-mesure, pensant aussi qu'on se plaignait soit des vivres, soit de la conduite des chefs à notre égard; rien de pareil n'existait en réalité.

L'officier me flanqua quinze jours de prison militaire à Constantine, ainsi qu'à celui qui avait été pris à signer, et le lendemain nous passions à la salle de rapport.

Le commandant du dépôt, M. Hermann, m'eng....., passez moi le mot, d'une façon soignée, et ajouta à mes quinze jours de prison un mois de cellule ; comme ce devait être agréable un mois de cellule, dites ?

Heureusement, je ne perdis pas mon sang-froid, j'expliquai au commandant, avec beaucoup de clarté et de précision, ce qui s'était passé ; il me comprit et me renvoya au camp, sans prison ni cellule ; j'en fus seulement quitte pour la peur.

Du reste, ce commandant était un excellent homme : il fit faire à ses frais, pour nous autres, plusieurs centaines de blouses et de pantalons, qu'on nous distribua au camp ; on en avait vraiment besoin.

Nous avions au camp quelques vieux

zouaves restés au dépôt, lors du départ du régiment ; c'étaient des types d'idiotisme et d'imbécillité que l'absinthe, dont on fait un usage abusif en Afrique, avait fait naître. Cet abus gagne même certains officiers, et on ne doit pas être étonné de leur grande intelligence sur le champ de bataille.

Le camp où nous étions placés se trouvait entre plusieurs montagnes, de conformation bizarre, complétement incultes et dépourvues entièrement de la moindre habitation. Si vous avanciez un peu avant dans les terres, vous rencontriez, et encore était-ce bien rare, quelques gourbis arabes ; la nuit vous étiez sûr aussi d'entendre continuellement les aboiements des chacals et les cris de la hyène, musique fort peu réjouissante.

Si vous entrez dans un gourbi arabe et que l'on vous y offre quelque chose, acceptez toujours, car c'est la plus grande insulte que vous puissiez faire à un arabe de refuser ce qu'il vous offre.

Une remarque des mœurs indigènes que j'ai faite encore en Algérie, ce sont ces gamines arabes de douze à treize ans qui courent après les Européens leur demander des sous ; ceci, de leur part, n'est qu'un prétexte; elles veulent autre chose.

XI.

J'appris une après-midi par une corvée de vivres revenant de Constantine, une nouvelle que je me refusais à croire.

C'était officiel, disait-on, Mac-Mahon battu à Sedan et blessé, l'empereur et toute l'armée prisonniers de guerre.

Le soir je descendai à Constantine, et en voyant la dépêche je ne doutais plus.

Voilà où l'imprévoyance, l'incurie, l'incapacité, la présomption d'un gouvernement usé, nous avaient conduits, à subir une capitulation honteuse et une humiliation profonde pour nos armes et notre honneur national.

S'il y a une chose que je ne comprends pas, c'est que Napoléon III ne se soit pas fait tuer, c'eût été plus honorable pour lui que de rendre son épée au roi de Prusse, il aurait au moins fait preuve d'énergie virile et sauvé son honneur, et la France, malgré ses fautes, l'eût encore absous; au lieu qu'aujourd'hui elle le méprise profondément de s'être conduit comme un lâche et de l'avoir précipitée dans d'irréparables malheurs.

Mais il aimait mieux vivre et sauver ses millions contenus dans ses bagages, lesquels, aux termes de la capitulation, ne devaient pas être ouverts, et aussi avec l'espoir de se rasseoir un jour sur ce beau trône de France, où on est si bien, comme si la chose était praticable.

En capitulant à Sedan, Napoléon s'est perdu lui-même et a perdu sa dynastie, qui ne régnera jamais en France.

Le maréchal de Mac-Mahon fut forcé par l'empereur d'accepter la bataille dans des conditions les plus mauvaises possibles, et de suspendre son mouvement de retraite qu'il avait commencé vers Paris

Napoléon ne pouvant revenir à Paris ni avancer, voulut tenter un grand coup. Il le tenta, mais le perdit.

On ne pouvait choisir pour se battre un emplacement plus maladroit que celui de Sedan, si l'on songe que cette ville est dans un bas-fond, tout entourée de hauteurs parfaitement disposées pour l'artillerie, et que les Prussiens occupaient en grande partie ces hauteurs.

Et puis, les commandants de corps d'armée ne furent pas à la hauteur de leur tâche, on ne les voyait nulle part, sauf le maréchal de Mac-Mahon qui, comme toujours, fit bravement son devoir.

Les soldats se battirent avec beaucoup de courage, mais inférieurs en nombre à l'ennemi et mal dirigés, ils ne purent vaincre.

La valeur du soldat français ne fut jamais mise en doute, même par nos ennemis, et le prince de Nassau, commandant une division de cavalerie allemande, lui rendait le premier hommage, en disant

« que le soldat français bien commandé « vaudrait toujours seul deux soldats « étrangers, quels qu'ils soient ; » ces paroles m'ont été rapportées par un employé d'un château des environs de Nancy, où le prince avait logé.

On m'a raconté qu'à Sedan le fameux général de Failly, pendant que ses soldats se battaient, jouait au billard avec son état-major et mangeait des tartines de beurre, et que lorsqu'il sortit du café, demanda à un soldat qu'il rencontra dans la rue : *S'il savait où était le corps d'armée du général de Failly*. Lui, commandant de corps d'armée, ne pas savoir où était son corps.

Ce serait monstrueux si c'était vrai !

C'est toujours le même général qui, à l'abandon du camp de Châlons, oublia son parc d'artillerie, composé de cent pièces de canon, comme si un parc d'artillerie pouvait s'oublier. Si le fait est vrai, peut-on douter un seul instant qu'on n'eût pas été trahi?

Et que peut-on attendre, du reste, de

ces généraux de salons, ne sollicitant des faveurs que par vanité et n'en obtenant que par intrigues ; et qui, lorsqu'ils sont au pied du mur, font preuve de la plus notoire incapacité.

A bas la faveur donc ! et place au mérite.

Et puis, vous ne rencontrez chez ces hommes aucun sentiment patriotique, ce sont pour la plupart d'anciens viveurs et de vieux débauchés, atteints au physique et au moral par une vie de bien-être et de jouissances matérielles. Ils n'ont rien de ces sentiments qui relèvent l'homme et lui attirent la considération ; pour eux. l'armée est un métier et leurs personnes est toujours à la disposition du plus offrant et dernier enchérisseur.

Certainement que tous ne doivent pas être compris dans cette catégorie, mais malheureusement beaucoup.

Espérons que des changements prochains, réformant l'armée, lui redonneront cette grandeur et ce prestige que la dernière campagne lui a fait perdre, car elle a été jugée à nue.

Le savoir du corps d'officiers, à part quelques spécialités, était nulle, si je le compare à celui des officiers prussiens.

Ces derniers parlaient tous notre langue et leurs connaissances étaient très étendues en topographie, géographie, sciences exactes, en un mot sur tout ce qui a rapport à l'art militaire.

Mais ce sont des travailleurs, eux; les officiers français sont loin de les valoir ; ils aiment mieux ceux-ci : cirer leurs bottes, hausser leurs faux-cols, faire le dandy, en un mot, s'occuper de leurs cocottes, traîner le sabre dans la rue, faire au café la partie de billard et boire des verres d'absinthe, c'est infiniment plus agréable et surtout moins fatigant ; triste à dire, mais trop vrai.

Tout ceci me fait dire aussi qu'à la campagne de l'est un général, M. S .., fut obligé, tellement étaient grandes ses connaissances, de demander à un officier de mobiles, ingénieur dans la vie civile, ce que signifiait sur une carte une ligne dont il ne se rendait pas compte ; « mais mon, « général, répondit ce dernier duquel je « tiens le fait, c'est une ligne de démarca- « tion. » En effet, répliqua le général, c'est ce que je pensais moi-même. Oui, il le pensait, parce que l'autre lui avait dit. Et ces hommes-là avaient dans leurs mains la responsabilité de la vie de 10,000 hommes.

Bazaine à Sedan n'avait pas opéré sa jonction avec le maréchal de Mac-Mahon, et s'était renfermé dans Metz bloqué par Frédéric-Charles.

XII.

Le lendemain des événements que je raconte, nous apprîmes la déchéance du gouvernement impérial, la proclamation de la République et l'installation d'un gouvernement provisoire à l'Hôtel-de-Ville, qui s'intitula gouvernement de la défense nationale, avec Trochu pour président (4 septembre).

Le Corps Législatif avait été envahi par la foule et dispersé, le haut état-major politique impérial s'était enfui ainsi que l'impératrice-régente.

Je fus heureux de ce changement de gouvernement, car mes sympathies étaient pour la forme républicaine, qui est le gouvernement du pays par lui-même ; c'est à mon sens le seul gouvernement durable le plus en harmonie avec les idées et les besoins d'aujourd'hui ; il est certain que les monarchistes *intéressés* ne seront point de mon avis et ce, pour cause.

République, du mot latin *républica*, qui veut dire la chose publique, comprend d'un seul mot tous les devoirs du citoyen qui doit, avant tout, se dévouer à l'état public.

Au bout de quelques jours nous quittions l'Algérie pour rentrer en France ; nous étions restés dans cette colonie un mois et demi environ.

La frégate transport la *Dryade* nous prit à son bord pour nous ramener.

La traversée fut extrêmement mauvaise, on faillit faire naufrage et on fut obligé de naviguer quarante lieues sur la Corse pour l'éviter.

Pour ma part j'eus tout le temps le mal de mer et je vomissais le sang ; j'ai cru un moment être à ma dernière heure.

Un autre navire de guerre qui nous suivait derrière fit, lui, naufrage. Il avait à son bord onze cents passagers militaires, sans compter l'équipage, tout périt.

A bord de notre navire nous avions plusieurs Arabes, ces derniers, pour apaiser la tempête et en récitant des prières, jetaient leur argent à la mer. Ceux de nous, moins malades, prenaient beaucoup de plaisir à les voir.

Notre transport nous débarqua à Toulon, on nous fit aussitôt ranger pour monter en chemin de fer à destination de Nîmes, où nous devions rester quelque temps.

Depuis un mois avant notre arrivée en France, les dépôts des régiments d'Afrique avaient été établis provisoirement dans trois villes du midi, Antibes, Avignon et Montpellier.

A bord du navire, deux de mes amis et moi n'avions pu manger, et cela datait de quarante-huit heures, on se promettait aussitôt débarqués de bien dîner. Désappointement pour nous lorsqu'on nous dit que l'on partait immédiatement; nous trouvâmes le moyen de nous couler au détour d'une rue et l'on entra dîner dans un hôtel : il était temps, nous tombions d'inanition et de fatigue. Ce dîner nous remit et on se promit de repartir le lendemain matin par le premier train.

Le soir, ne sachant que faire, c'était un dimanche, nous allâmes à un bal situé auprès de l'Intendance.

Ce bal était le bouge le plus infect et le plus horrible que j'eus jamais vu, vous y rencontriez des marins en état d'ivresse complet et un assortiment de grisettes des plus distinguées; c'était la prostitution la plus ignoble. J'avais bien vu des femmes quelquefois, mais pas de semblables à celles qui se trouvaient à ce bal; leurs figures hâves et maigres, résultat du vice et de la débauche, leurs cheveux flottant sans ordre sur leurs épaules, avec des toilettes fanées et en désordre, vous donnaient de leurs personnes le plus profond dégoût.

Aussi nous partîmes presque immédiatement.

J'aurais voulu pouvoir visiter l'arsenal de Toulon, qui est immense, notre temps nous le permit pas.

Le lendemain nous avions rejoint le détachement à Nîmes

Les Nîmois reçurent fort bien à l'arrivée notre détachement; on nous apporta du vin, des cigares, et chaque soldat fut logé chez l'habitant, qui le combla d'attentions.

Malheureusement ceci ne dura pas, et quelques misérables comme il y en a toujours dans les régiments en furent seuls cause. Ils volaient les gens chez lesquels ils étaient logés ou les insultaient; ces faits rendus publics indisposèrent la population à notre égard, et des plaintes étant venues à se produire, on nous retira de chez l'habitant pour nous caserner au grand hôpital neuf, situé au haut de la ville.

Nîmes, chef-lieu du département du

Gard, est très remarquable par les derniers vestiges de la grandeur romaine qu'il recèle encore dans son sein : je veux parler des arênes de Nîmes, de la tour Magne, du temple de Diane, des bains Jules-César et de la maison Carrée, le tout œuvres des plus curieuses de l'architecture romaine et aussi par ses boulevards entourant toute la ville.

Si le lecteur va faire un voyage dans le Midi, je l'engage de préférence à visiter Nîmes, il en sera satisfait.

L'hôpital où nous fûmes casernés était entouré de murs, seulement ces murs avaient une ou deux entrées provisoires non encore bouchées; on plaçait chaque soir des sentinelles à ces entrées, sans fusils, puisque l'on n'en avait pas à leur donner, qui ne pouvaient empêcher de sortir.

Je profitai de cette clôture avec un de mes amis pour coucher chaque soir en ville; le caporal nous portait rentrant à l'appel par listes et le tour était joué. Le lendemain matin l'on rentrait un peu avant l'appel par l'ouverture en question et on n'y voyait que du feu.

Ce qui me chagrina le plus dans Nîmes et dans tout le Midi, du reste j'en ai fait la remarque, c'est le peu de patriotisme de la population. Elle trouvait la guerre comme une chose très naturelle, et à voir cette indifférence, jamais il ne serait venu à l'idée d'aucun que nous avions l'ennemi chez nous. On s'y intéressait seulement en lisant les journaux ; je voyais des jeunes gens de mon âge se promener sur les boulevards, le cigare à la bouche et le lorgnon sur l'œil, comme si rien n'était ; j'étais indigné de voir cela. Etait-ce là leur vraie place ? Est-ce qu'il n'eut pas été plus honorable pour eux, à ce moment, d'avoir un fusil dans les mains ?

Il vint pendant mon séjour à Nimes des délégués de la Ligue républicaine des départements du Midi, pour déterminer le département du Gard à entrer dans la Ligue.

Ils échouèrent complétement.

Ces messieurs, purs socialistes de Lyon, tinrent club au théâtre, mais n'eurent pour l'idée de défense éclose à Lyon, qu'ils étaient chargés de faire prévaloir, aucun succès, la chose étant impraticable.

Il s'agissait de liguer entre eux plusieurs départements qui, collectivement, auraient pris pour leur défense contre l'étranger, telles mesures d'organisation qu'il leur aurait semblé bon, en dehors de tout concours et contrôle du gouvernement.

Je me rappelle toujours une réplique faite à ces honorablesdélégués par M..... qui occasionna un tumulte à ce propos.

L'orateur, parlant à l'Assemblée, commença par : *Messieurs*, dites : *Citoyens!* criaient les plus exaltés et les partisans des délégués en proférant des paroles inconvenantes pour l'orateur.

Celui-ci ne se troubla pas et répondit le plus tranquillement du monde : *Appe-*

lons-nous Messieurs, et soyons Citoyens! Je trouvai cela fort beau ; il fut applaudi.

A ce moment l'armée du prince royal de Prusse, n'ayant plus rien pour l'arrêter depuis la catastrophe de Sedan, avait continué sa marche sur Paris et l'avait investi.

Il y avait alors dans l'intérieur de Paris cent et quelques mille hommes de troupes régulières, plus trois cent mille mobiles environ et toute la garde nationale. Avec ces éléments on pouvait tenir quelque temps et tenter des sorties.

Nous quittâmes Nîmes dans les premiers jours d'octobre pour Montpellier, où nous allions rejoindre le dépôt principal du régiment. On le reformait entièrement, car détruit à Reischoffein et à Sedan, il ne comptait plus que cinq à six cents hommes échappés à ces désastres.

XIII

A Montpellier nous eûmes définitivement des fusils, et on fit l'exercice huit heures par jour au polygone, où nous étions casernés.

Notre nouveau colonel, M. Boissou, depuis général, chargé de la réorganisation du régiment, surveillait à tout moment ses hommes, et le tout marchait.

Au bout de trois semaines chacun était déjà passablement fort et on désirait vite entrer en campagne.

On nous habilla entièrement à Montpellier, et nos grands pantalons rouges attiraient quelquefois la curiosité des habitants de cette ville.

C'est à Montpellier que j'appris par les

journaux le départ de Paris, en ballon, de M. Gambetta, membre du gouvernement de la défense nationale et ministre de l'intérieur, allant rejoindre, à Tours, la délégation gouvernementale, composée alors de MM. Crémieux, Glais-Bizoin et du vice-amiral Fourichon.

Sous la vive impulsion de Gambetta, devenu ministre de la guerre, plusieurs armées se formèrent en province, l'armée du Nord, sous Faidherbe et Bourbaki, échappé de Metz, l'armée de l'Ouest, sous le général Chanzy, et enfin l'armée de la Loire, sous le général d'Aurelles de Paladines.

Gambetta, dont les actes furent diversement interprétés par l'opinion, a été, selon moi, l'homme le plus patriotique que nous ayons eu dans ces malheureuses circonstances, et certes, quoi qu'en disent ses détracteurs, il n'avait qu'un mobile : chasser l'ennemi de son pays ! et on ne pouvait le chasser qu'en lui faisant une guerre acharnée et à outrance.

Mais la guerre à outrance, l'a-t-on réellement faite? Chacun a-t-il prêté son concours actif à cette guerre? Non, malheureusement! on aimait mieux rester au coin de son feu et faire la popotte aux Prussiens; c'était moins dangereux, et surtout on ne risquait rien.

Etait-il du reste réellement possible d'obtenir du patriotisme du paysan et du bourgeois qui possède? Non! Ces gens-là, devenus égoïstes, tiennent par dessus tout à leur propriété. C'est parfois féroce! de la part du paysan surtout, moins instruit et qui n'a pour règle de conduite que ses instincts. La patrie, pour eux, ne vient qu'ensuite, et quelquefois elle ne vient pas du tout, on s'en f... pas mal de la patrie, pourvu que l'on vende bien ses œufs, ses poules, son beurre, etc., résultat de l'abrutissement dans lequel a laissé vivre jusqu'alors cette classe d'individus, un gouvernement qui ne s'est maintenu que par son ignorance, et le parti clérical qui, lui aussi, a intérêt à ce qu'on n'en sache pas trop.

Instruisez les masses avant tout, en décrétant l'instruction gratuite et obligatoire jusqu'à seize ans, vous développerez chez elles de bons sentiments, et alors vous pourrez venir demander du patriotisme, vous en aurez, mais à cette condition seulement.

Le jeune dictateur, comme on l'appelle encore, se trompait, lorsqu'il croyait réveiller en France le patriotisme de 89, nous étions bien le même peuple, mais non plus les mêmes hommes ; notre nation était devenue molle, sans force virile, très immorale, incapable de bons mouvements, sans aucune foi, et surtout attachée au bien être matériel, un commencement de décadence enfin ; quelques années de plus d'une pareille vie, les Grecs et les Romains n'auraient eu rien à nous envier, notre décadence eut été aussi complète que la leur.

Cette guerre aura ses enseignements, car elle nous a fait voir ce que nous étions réellement.

Les intentions de M. Gambetta étaient bonnes, je le crois, et pour ma part je lui en tiens compte, mais il eut mieux valu pour lui qu'il se soit rappelé ce dicton populaire : *Autres temps, autres mœurs* ! et eût agi en conséquence.

Ceci dit, je reviens à Montpellier, où je suis resté, avant mon entrée en campagne, environ trois semaines.

Durant ces trois semaines j'avais fait la connaissance d'une jeune fille, bouchère fort gentille, que je rencontrais souvent à la halle. J'étais heureux lorsqu'après les exercices finis, je pouvais m'échapper et venir causer avec elle.

Lorsque je partis, elle me donna un beau chapelet que je conserve encore.

Un dimanche, avec deux de mes camarades, étudiants en droit, l'un neveu d'un contre-amiral et l'autre fils d'une des bonnes familles du Cantal, nous organisâmes ainsi que deux ou trois jeunes gens de Montpellier, un petit bal dans une pièce voisine de la halle.

Ma jeune bouchère amena quelques-unes de ses amies et nous dansâmes à ce bal toute l'après midi.

Nous étions heureux, et l'on oubliait un instant le métier de soldat, car dans ces moments les jours heureux du soldat sont rares.

L'orchestre, composé de trois petits piffaris italiens, était peu ruineux; pour quelques sous nous en fûmes quittes.

Si le lecteur ne connaît pas Montpellier, je dois lui dire que cette ville, bâtie sur une éminence assez élevée, domine de son regard majestueux tous les riants paysages qui l'environnent. Elle est entourée d'une enceinte fortifiée, avec une citadelle ; en temps ordinaire, la garnison ne se compose que de génie, corps qui y a son siége principal, et de plusieurs bataillons de ligne.

En outre, Montpellier est le chef-lieu d'une division militaire, d'une cour d'appel, d'un évêché, d'une académie et d'une faculté de médecine assez renommée.

Quant à la ville elle-même, quelques rues sont belles, notamment celle partant des boulevards pour aller directement à la gare; toutes les autres ne font que descendre et monter. Plusieurs monuments publics sont aussi remarquables, entre autres l'Hôtel de la Préfecture, entièrement neuf et très joli à voir. Vous voyez aussi des promenades publiques assez fréquentées dans les beaux jours.

La population de cette ville est très aristocratique, très haute et très sèche; peu républicaine, et peu patriote par conséquent. J'aime infiniment mieux les habitants de Nîmes que ceux de Montpellier; là les gens sont francs, ouverts et toujours empressés à vous être agréables.

Le voisinage de Montpellier vaut la peine d'être parcouru; vous y trouvez de très belles campagnes, couvertes de vignes produisant considérablement de vin, Lunel surtout.

Nous y buvions du vin à trois sous le litre; avouez que ce n'était pas cher.

Le général commandant la division nous passa, le 21 octobre, notre revue de départ, et le lendemain matin, conduit par la musique du génie, nous jouant le chant du départ et autres airs patriotiques, on prenait le chemin de fer pour notre nouvelle destination de campagne.

J'ai encore à la mémoire la harangue que nous fit le général. Il nous rappelait le numéro de notre régiment, dont l'honneur fut toujours sauf, puisqu'il traversa l'armée prussienne à Sedan et ne se rendit pas, et nous engageait à venger nos frères d'armes tués à Reischoffen et à Sedan.

Deux jours avant mon départ de Montpellier je tombais malade d'une bronchite aiguë, qui s'était déclarée à la suite de plusieurs nuits passées à dormir à terre, dans les chambres bitumées d'une caserne où nous étions depuis quelques jours, roulés seulement dans une simple couverture. Quoique bien malade, je ne voulus pas passer à la visite, ainsi que me le conseillait un étudiant en médecine de ma connaissance; à la veille du départ, si je m'étais fait porter malade, quoique je le fusse même gravement, on aurait dit que j'avais peur, je ne le voulais pour rien au monde. A la revue dugénéral j'avais peine à me tenir sur mes jambes, à tout moment je croyais tomber. Je partis en cet état.

XIV.

Mon régiment allait dans l'Est, renforcer la petite armée du général Cambriels, qui tenait la campagne aux alentours de Besançon.

Nous arrivions dans cette ville le 23 octobre, deux jours après notre départ de Montpellier.

Immédiatement descendus de chemin de fer nous reçûmes l'ordre de partir au feu ; on se battait à un village appelé Cussey, à deux lieues et demie de Besançon.

Nous y arrivâmes à six heures du soir ; nous attaquâmes de suite à la baïonnette les Prussiens, qui furent obligés d'abandonner le village. Nous venions à temps pour dégager un bataillon de mobiles qui, sans nous, eût été prisonnier.

Je me rappelle toujours un soldat prussien allant être embroché par un zouave ; ce soldat pria, en très bon français, le zouave de ne pas le tuer : Je suis père de cinq enfants ! disait-il ; ce dernier, généreux comme le sont toujours les soldats français, le laissa vivre et releva sa baïonnette ; mais le Prussien, reculé d'une dizaine de pas, et traître comme un Allemand qu'il était, ajusta son sauveur et tira, mais ne l'atteignit pas. Celui-ci, furieux de rage, bondit comme un lion en sautant pardessus cinq ou six cadavres, atteignit à son tour son ennemi et le larda de cinq coups de baïonnette. C'était toute justice du reste.

On se battit encore à Châtillon, mais je n'assistai point à cette bataille, malade, comme je l'ai dit précédemment, j'entrai à l'hôpital de Besançon.

C'est à l'hôpital de Besançon que j'appris la capitulation de Metz.

Gambetta, par une proclamation adressée à la nation, en termes élevés, et où se ressentait la douleur de cette catastrophe, cloua au pilori de l'histoire la trahison du maréchal Bazaine.

Une personne de Nevers, qui avait eu en logement dans sa famille, à Orléans, un officier supérieur prussien, m'a assuré que celui-ci avait dit : *Que Bazaine avait reçu dix millions pour livrer Metz.*

Je ne le crois pas, Bazaine était riche, et il n'avait certes pas besoin d'argent, mais comme c'est un ambitieux, il s'est laissé berner par le prince Frédéric-Charles, qu'il a vu secrètement, et celui-ci, caressant sa vanité par beaucoup de promesses, l'a complétement joué, et au moment où il s'est aperçu que ses combinaisons personnelles échouaient, il ne pouvait plus sortir. Ses vivres, qu'il avait fait gaspiller à dessein, étaient épuisés, et il était sans chevaux pour conduire son artillerie : c'est alors qu'il capitula.

Quoiqu'il en soit, le maréchal Bazaine,

en livrant la place de Metz et l'armée qui y était renfermée, évaluée à 110,000 hommes, la dernière que la France possédait encore, a sciemment trahi son pays, vendu des soldats qui ne demandaient qu'à se battre, déshonoré sa carrière militaire, et précipité dans de plus grands désastres notre malheureuse patrie.

Les générations futures liront avec horreur le nom du maréchal Bazaine, et actuellement l'armée et le pays sont unanimes de sentiment pour le maudire.

Il a sacrifié son pays à ses ambitions personnelles et convaincu une fois de plus de ce qu'on se refusait à croire : *Le peu de désintéressement qu'ont eu, pendant cette campagne quelques chefs d'armée.*

Il a permis à l'armée du prince Frédéric-Charles de renforcer les troupes devant Paris, de se fractionner pour envahir la Picardie et la Normandie, où elle trouva à se ravitailler grandement, et faire face aux armées de province, lesquelles sans cette capitulation eussent délivré Paris.

Après Metz, nous étions perdus, et ce désastre fut encore plus grand que celui de Sedan.

Un remarquable rapport, tout à la fois politique et militaire, publié par ordre du gouvernement de la défense nationale, donne sur la capitulation de Metz et la conduite du maréchal Bazaine, des détails si précis, qu'on ne peut douter un instant de la trahison de ce dernier.

Ce rapport a été fait par un officier attaché au grand quartier-général de l'armée du Rhin, M. de Valcourt.

Bazaine craignait assurément pour sa vie, à Metz, car il avait entouré sa demeure de mitrailleuses, prêtes à faire feu sur quiconque aurait osé tenter un coup de main contre sa personne.

On m'a raconté ce fait; je le donne sans en garantir l'authenticité.

Le maréchal, lorsqu'il se rendit en Allemagne, a dû se convaincre déjà de la sympathie que lui porte la population française, si l'on se souvient des femmes d'un village près Metz, qui en l'appelant : *Traître et misérable* ! assaillirent sa voiture à coups de parapluies, et lui eussent fait un mauvais parti sans les gendarmes prussiens.

XV.

Je restai malade à l'hôpital de Besançon trois semaines environ, et au bout de ce temps, on m'envoya en convalescence dans l'ambulance établie à l'Académie.

Chacun avait dans cette ambulance la liberté de sortir en ville.

J'en profitai pour voir Besançon.

Cette ville renommée par sa fabrication d'horlogerie, n'est pas, à vrai dire, belle; on y rencontre encore quelques rues assez commerçantes, mais peu spacieuses; des jardins publics et deux ou trois places peu fréquentées; quant aux monuments, rien ne m'a paru digne d'intérêt. J'ai vu avec beaucoup de plaisir pourtant, le musée renfermant une collection variée d'objets rares. La population est composée de beaucoup d'étrangers, presque tous Suisses, travaillant à l'horlogerie.

Besançon est fortifié, entouré de forts et des montagnes du Doubs, qui sont ses plus belles défenses naturelles.

Aussi les Prussiens ne purent pas le prendre.

Il y avait à ce moment dans Besançon un général de division, nommé dans l'armée auxiliaire par Gambetta, d'une énergie indomptable, et qui avait promis aux habitants, s'ils parlaient de se rendre, de brûler lui-même leur ville. Aussi le craignait-on plus que le feu.

Ce général, du nom de Rolland, ancien marin, capitaine de vaisseau je crois, détenait comme prisonnier à la citadelle un officier prussien, neveu du général de Moltke, et avait fait dire aux Allemands que s'ils s'avisaient de jeter un seul obus dans Besançon, il pendrait son prisonnier à la plus haute tour de cette ville. Il ne menaçait pas en vain et était homme à accomplir sa menace.

Le même avait remplacé dans le commandement de la division un général de l'empire, allié par sa femme à M. de Bismarck ; ce dernier inspirait, à cause de son alliance prussienne, quelque inquiétude à Besançon, et le gouvernement avait été bien inspiré en ne le maintenant pas à la tête de la division. C'est ce qui m'a été dit, du reste, par des habitants de cette ville.

J'appris aussi à Besançon que le général Garibaldi venait, avec ses deux fils, mettre son épée au service de la France.

Gambetta lui donna le commandement de l'armée des Vosges, chargée d'opérer dans les environs de Dijon.

Garibaldi fit partout son devoir avec le plus grand courage, et quoique son armée fût peu nombreuse, elle fit néanmoins dans plusieurs combats essuyer de sérieuses pertes aux Prussiens, notamment à la reprise de Dijon. C'est le seul des généraux qui, pendant cette campagne, ait su garder son armée presque intacte et n'ait jamais été battu par les Prussiens.

On a reproché au général Garibaldi d'avoir fait manquer la campagne de l'est, en amusant pas assez le général Manteuffel, qu'il eut dû entraver dans sa marche; était-ce bien là la seule raison? je ne le crois pas!

Au surplus, plus compétent que moi fixera, sans doute, l'opinion à ce sujet.

Les journaux m'apprirent aussi la reprise d'Orléans par l'armée de la Loire, sous le commandement du général d'Aurelles de Paladines.

Cette nouvelle causa une véritable joie en France, car, depuis longtemps, la victoire semblait avoir abandonné nos drapeaux.

Les Prussiens qui, dès l'abord, riaient de cette armée de la Loire n'existant que sur le papier, disaient-ils, virent qu'il fallait en tenir meilleur compte et se mettre en mesure d'empêcher sa marche sur Paris, qui était son objectif. Aussi

Frédéric-Charles, libre de Metz par la trahison de Bazaine, arrivait-il à marches forcées.

Les résultats de la bataille d'Orléans, où l'armée bavaroise de von der Thann avait été défaite, furent très grands pour nous, puisqu'ils nous rendaient maîtres des deux rives de la Loire et des lignes de chemins de fer aboutissant à Orléans, et la possibilité, après quelques efforts, d'opérer une jonction avec l'armée enfermée dans Paris.

D'un autre côté le moral de l'armée, diminué par nos défaites et les trahisons qui les causèrent, fut entièrement relevé.

On ne douta plus pour l'avenir qu'une armée bien commandée ne soit toujours victorieuse.

Je quittai Besançon, guéri dans les derniers jours de novembre.

J'allai rejoindre au camp de Gien, mon régiment revenu à l'armée de la Loire.

Ma feuille de route me fit passer par

Mâcon et Châlons-sur-Saône, où je logeai.

De cette dernière ville je continuai ma route à pied jusqu'à Chagny.

Arrivé à Chagny je ne pus prendre par Dijon la ligne de chemin de fer pour Gien, cette ligne ayant été coupée la nuit même par les Prussiens.

Je ne pouvais gagner Gien que par un détour et en passant par Lyon.

XVI.

J'étais à Lyon le lendemain, je vis flotter pour la première fois à l'Hôtel-de-Ville, ce fameux drapeau rouge, si sympathique alors à une partie de la population lyonnaise, laquelle, dans son ardeur républicaine, n'eût accepté à ce moment, pour rien au monde, aucun autre emblème.

Le drapeau rouge pourtant n'a point sauvé la France, lui encore moins que tout autre, et j'étais quelque peu étonné de ce singulier amour pour une couleur qui n'a jamais abritée que l'anarchie.

On démolissait ce jour-là la statue de Napoléon Ier, placée dans le jardin public, en face la gare de Perrache.

Quelques personnes sensées qui assistaient à la démolition, s'élevaient contre cet acte de vandalisme complétement inexcusable, car, disaient-elles, « Napo- « léon Ier n'est pour rien dans les fautes de « son neveu, et il eut été convenable de « respecter sa statue. » Je pensai absolument comme elles.

Je ne pus longuement visiter Lyon, quelques grandes rues où je passai me parurent fort belles; j'y rencontrai une multitude d'officiers et de soldats de toute provenance et de toute couleur, notamment des officiers de l'armée de Garibaldi aux uniformes rouges. Lyon, à ce moment, était en pleine organisation militaire, il formait ses légions et toutes ses compagnies de francs-tireurs et autres qui, sous le commandement du général Cremer, firent la campagne aux alentours de Dijon, concurremment avec le général Garibaldi, et formèrent plus tard à l'armée de l'est le noyau du vingt-quatrième corps que commanda le général Bressolles.

Après quelques heures de séjour dans

Lyon. je partais en chemin de fer pour Gien.

J'arrivai le soir dans cette ville, mais la veille mon régiment était parti pour Cercottes, au-dessus d'Orléans.

Le lendemain j'allai chez le commandant de place faire viser ma feuille de route ; je demandai à ce dernier où se trouvait mon régiment (je ne le savais pas alors), il m'envoya un peu au hasard, à Bois-Morand où était campée une brigade d'infanterie, me disant que je le trouverai là.

Arrivé à Bois-Morand, pas de régiment, le général ou colonel, je ne me rappelle plus au juste, qui commandait, logé au château de M. Boyenval, chez lequel je fus conduit m'apprit, lui, que mon corps était à Cercottes.

Je me remis en route pour ce village et remarquez que depuis mon départ de Gien je n'avais touché aucune indemnité de route ni le moindre vivre, et cela durait depuis trois jours. Quelques paysans, chez lesquels j'entrai, me donnèrent à manger.

Sur ma route je fis la rencontre d'un soldat du 44e régiment de marche, aussi engagé volontaire et professeur avant la guerre au lycée Charlemagne, à Paris.

Ce jeune homme ne pouvant plus marcher avait laissé partir son régiment et allait le rejoindre à Orléans.

Je passai aussi par cette ville pour ma destination et nous fîmes route ensemble.

Nous allions arriver à Dampierre, village qui se trouve sur la route d'Orléans, lorsque, passant près d'un champ, nous aperçûmes une bande de dindons, lesquels, à la vue de nos pantalons rouges, arrivèrent près de nous tout en battant des ailes.

C'était tentant, et il faut vous dire que mon camarade et moi n'avions rien à manger et que l'après-midi s'avançait. Nous prîmes un dindon et, recouvert d'une toile de tente, nous nous sauvâmes avec notre proie dans un bois; là, le dindon subit une certaine opération pratiquée par moi, et plumé deux heures après, cuisait dans le four d'une brave femme de Dampierre, qui avait bien voulu se charger de cette besogne.

Mon camarade et moi fîmes le soir un repas délicieux auquel nous n'étions plus habitués depuis longtemps.

Nous eûmes des vivres avec ce larcin pendant deux jours, car notre dindon était énorme.

Heureusement, nous n'avions été vu de personne, à ce moment la cour martiale ne plaisantait pas avec le maraudage.

Il est quelquefois excusable, si l'on songe que le soldat a des situations exceptionnelles et qu'avant tout il faut vivre.

Avant d'arriver à Orléans, nous traversâmes Ouzouer, Château-Neuf et Saint-Jean-de-Braye, où nous couchâmes une nuit chez le maire, conseiller général du département.

Toutes ces contrées à l'entour d'Orléans avaient déjà eu la visite de MM. les Prussiens, et elles étaient alors fort heureuses, par la reprise de cette ville, d'en être débarrassées.

Le lendemain j'étais à Orléans et je quittai mon camarade de voyage. Je fis régulariser ma feuille de route à l'intendance et reçus mon indemnité de route pour Cercottes.

Je pus voir Orléans pendant les trois ou quatre heures que j'y restai ; je n'y trouvai rien de remarquable que la cathédrale et la statue de Jeanne-d'Arc, libératrice de cette ville, dont les bas-reliefs, représentant les principaux faits de la vie de l'héroïne, sont d'un travail fort curieux.

On prétend que ces bas-reliefs ont été enlevés par les Prussiens, lors de leur seconde rentrée à Orléans, mais cela n'est pas confirmé.

Le général d'Aurelles de Paladines, dont l'armée présentait un large front aux Prussiens, au-delà de la Loire, se préparait alors à un mouvement offensif avant l'arrivée de l'armée du prince Frédéric-Charles, laquelle, comme je l'ai dit plus haut, s'avançait à marches forcées sur la Loire.

XVII.

Le chemin de fer, que je pris à Orléans, me conduisit à Cercottes, en une heure; mais à mon arrivée, pas de régiment encore. Il était à Chevilly, m'assurait-on.

Je passai la nuit à Cercottes, chez le curé, lequel m'envoya coucher sur des planches dans son grenier. Il n'avait pas autre chose à me donner, me disait-il de sa voix jésuitique! je savais le contraire, mais ne lui en fit rien voir; je me suis contenté de le mépriser. Cet homme avait en fort estime les Prussiens, il s'exprimait sur leur compte en meilleurs termes possibles; je rageai de voir si peu de cœur. Le lendemain, de bon matin, je partis, et pas fâché.

A Chevilly, où j'arrivai, je ne rencontrai pas non plus mon régiment; l'officier chargé de diriger les soldats isolés, m'envoya dans la direction de Beaune-la-Rolande, à un village dont le nom m'échappe, où il se trouvait.

Ce jour là, 28 novembre, l'armée était aux prises avec les Prussiens, à Beaune-la-Rolande, depuis le matin, ceux de Frédéric-Charles, je crois.

La bataille fut terrible de part et d'autre, mon régiment, chargé de prendre le village à la baïonnette, perdit d'un seul coup 700 hommes.

Les Prussiens avaient crénelé les maisons du bourg et lorsque nous fûmes avancés nous mitraillèrent à bout portant.

On entra néanmoins dans le village en se battant corps à corps.

L'aile droite de l'armée, composée en partie de mobiles, ayant faibli, et craignant d'être tournée, nous dûmes à notre tour battre en retraite.

Quelques minutes avant l'engagement le général Crouzat, passant devant notre front, nous fit la harangue suivante : *Les zouaves ! vous êtes un tas de chenapans, mais j'ai confiance en vous, vous allez me prendre Beaune-la-Rolande, comme vous savez le faire : A la baïonnette !*

On cria vive le général, et on s'ébranla

Ce qui n'empêcha pas ce même général, d'aller tranquillement déjeuner, tandis que nous nous faisions casser la figure, et de répondre le soir au capitaine adjudant-major de mon bataillon, lui faisant connaître sa pénurie de vivres : *Que voulez-vous que j'y fasse !*

On prétendit qu'à cette bataille un officier prussien, portant l'uniforme d'officier d'état-major français, avait contribué à sa perte par les ordres contradictoires qu'il avait donnés, censés venir du général français.

Ce fait me paraît peu probable ; je le donne tel qu'il m'a été raconté.

La perte de la bataille empêcha la jonction projetée de l'armée de la Loire avec celle de Paris, et obligea le général d'Aurelles de Paladines à battre en retraite, à couvrir Orléans et à accepter une bataille sous ses murs, ou abandonner cette ville et se retirer derrière la Loire.

Il se résigna à ce dernier parti. L'ordre fut donné d'évacuer immédiatement toute la rive droite de la Loire, Orléans, par conséquent, d'enclouer les pièces de marine qu'on ne pourrait enlever, et de détruire la flotille existante sur la Loire.

Ainsi, depuis la reprise d'Orléans, les travaux faits pour sa défense, à des frais très coûteux, ne servirent à rien, puisqu'il fallut abandonner la ville.

Le général d'Aurelles de Paladines, au dire d'un attaché à l'état-major du général X..., lequel m'a raconté le fait, avait perdu la tête, et craignant de voir son armée coupée par Frédéric-Charles, prit le parti de battre en retraite; ajoutant même, que si ce général avait mieux compris son affaire, il eût au contraire battu le général Prussien et lui eût fait beaucoup de prisonniers. Il s'agissait pour cela d'un très beau mouvement stratégique qu'il m'a expliqué carte en mains, et que n'a pas su faire le commandant de l'armée de la Loire, toujours suivant son dire.

Malgré la précipitation de notre retraite, les Prussiens firent encore 5 ou 6,000 prisonniers qu'ils enfermèrent dans la cathédrale. Plusieurs centaines parvinrent à s'échapper par les vitraux derrière le grand hôtel, les Prussiens n'ayant pas mis à cet endroit aucune sentinelle.

Un échappé, zouave du 2e régiment, me racontait, à propos des prisonniers enfermés dans l'église, un fait arrivé à un de ces malheureux. Ce soldat, mourant de soif, demanda à une femme, à travers les grilles de la porte d'entrée de la cathédrale, un verre d'eau ; cette misérable, car il faut l'appeler par son nom, n'ayant pas le cœur d'une française ni d'une femme chrétienne, lui donna ce verre d'eau, mais le vendit 25 centimes; honte trois fois à cette femme, dont la sécheresse de cœur l'empêchait d'avoir la moindre compassion pour un malheureux soldat, son compatriote encore.

Ce fait est de la plus véritable authenticité, ce jeune homme l'a vu, et m'a donné sa parole d'honneur. N'est-ce pas révoltant de constater pareille bassesse ?

Le ministre de la guerre, à la suite de la retraite d'Orléans, remplaça le général d'Aurelles de Paladines, par le général Bourbaki, lequel depuis son évasion de Metz, commandait une des régions du Nord.

Celui-ci continua la retraite sur Bourges et Nevers, où son armée devait être reformée.

J'avais rejoint mon régiment à Nibelle, près de Beaune-la-Rolande, lequel depuis cette affaire battait aussi en retraite.

Arrivé à Saint-Père, où nous couchâmes, on reçut l'ordre de partir le lendemain à cinq heures du matin et de passer la Loire à Sully ; mais contrairement à cet ordre, l'on partit à une heure de la nuit.

Quelques soldats, au nombre desquels j'étais, se trouvaient couchés dans les greniers, granges, partout où l'on avait pu du reste, et lorsque nous vînmes à cinq heures du matin pour retrouver le régiment, celui-ci était parti, et le pont sur lequel nous devions passer brûlait, par ordre de Bourbaki ; impossible de le passer. Il fallut rester sur la rive, aux mains des Prussiens, qui déjà commençaient à nous envoyer leurs hulans.

Nous étions environ 200 hommes, appartenant à tous les régiments, zouaves, turcos, chasseurs de Vincennes, infanterie de marine, infanterie de ligne, quelques cavaliers à pied et des mobiles, obligés de continuer notre route en longeant le côté du fleuve occupé par l'ennemi, pour pouvoir le passer à Gien, si les ponts n'étaient pas détruits.

Au moment où nous mettions le pied dans Ouzouer, un paysan, venant des Bordes, apportait au maire une dépêche des Prussiens, le prévenant qu'ils allaient venir au nombre d'une soixantaine faire des réquisitions, mais sans indiquer que ces soixante étaient au contraire l'avant-garde de tout un corps d'armée venant par derrière, à un quart d'heure de marche et se dirigeant sur Gien.

Trompée sur le nombre des ennemis, et pensant n'avoir affaire qu'à 60 cavaliers, notre colonne, à mon instigation et à celle d'un sous-officier de la ligne, résolut d'arrêter sa marche, de les entourer et tuer. On se dissimula dans les maisons et les endroits les plus favorables pour se battre et là, nous attendîmes.

Au bout d'une demi-heure, j'aperçus sur la route, à 1,200 mètres, avec une lunette d'approche que m'avait prêtée le contrôleur des contributions directes, du haut du clocher où j'étais grimpé, le détachement ennemi qui s'avançait, c'était des dragons, le régiment nº 5, je crois.

Je descendis vivement et j'allai prévenir mes camarades qu'on se tienne prêt. Les dragons entrèrent dans Ouzouer, ne se doutant assurément pas trouver encore de ce côté des soldats français; nous les laissâmes s'engager jusque sur la place, et là, des quatre coins du pays, ils furent accueillis par une décharge générale, qui les mitrailla à bout portant ; nous sortîmes tous de nos cachettes et avançâmes sur eux à la baïonnette ; quelques-uns purent pourtant s'échapper, mais le coup était fait, et nous leur avions tué 16 hommes et blessé davantage ; de notre côté nos pertes furent minimes.

Parmi les morts des Prussiens figurait le commandant du détachement, membre d'une des plus grandes familles nobles d'Allemagne, sinon princières, m'a-t-on assuré ; son corps a été enterré à Dampierre, village près d'Ouzouer, d'où sa famille viendrait l'exhumer après la guerre, disaient les soldats prussiens.

Nous continuions la poursuite, lorsque des obus vinrent à pleuvoir au milieu de nous ; reconnaissant avoir affaire à un corps d'armée, nous décampâmes de suite et chacun se sauva un peu dans toutes les directions, pour échapper aux hulans qu'on avait mis à notre poursuite.

On se jeta dans les bois et je pus, avec un tirailleur algérien, gagner Dampierre avant les Prussiens, où un meunier, M. S..., me recueillit et me déguisa. Je cachai aussitôt dans le bois mes effets et mes armes.

XVIII.

Quelques heures après le combat, je revins à Ouzouer déguisé en garçon meunier, et pus constater un fait de barbarie si commun à MM. les Prussiens.

Ils trouvèrent un mobile caché dans un grenier donnant sur la place et le jetèrent au bas de l'échelle sur le pavé, où il se fracassa la tête, et ces misérables l'achevèrent tout en ricanant à coups de crosse de fusils.

J'entrai dans une maison où ceux-ci étaient d'une exigence exorbitante, ils voulaient une infinité de choses que la maîtresse de la maison, dont le mari s'était enfui, n'avait pas et ne pouvait leur donner. Il existait derrière la maison une porte de sortie fermant à clef, je fermai cette porte en disant que si les Prussiens voulaient quelque chose ils feraient le tour pour demander. Mais ils ne l'entendirent pas de cette oreille et revenant à la porte qu'ils trouvèrent fermée, voulurent l'enfoncer avec des barres de fer. Cette dame ayant une peur effroyable, me pria de l'aller ouvrir; je le fis, mais ne trouvai plus la clef qui roulait parterre, et les Prussiens disant : *ouvrez, monsieur! ouvrez, nom de d....* Je perdis patience et leur répliquai à mon tour par le mot de Cambronne. Enfin, retrouvant la clef, j'ouvris la porte, mais les Prussiens tombèrent sur moi à une dizaine avec leurs barres de fer ; ils m'auraient tué si, n'ayant pu gagner un corridor, je n'étais parvenu à leur échapper.

Pendant mon séjour à Dampierre, séjour de près de huit jours, puisque je ne pouvais passer en barque la Loire gelée et charriant des glaces, vint loger dans la maison où j'étais réfugié, un colonel prussien et une quarantaine de soldats. Ceux-ci occupaient le moulin et le colonel une chambre dans la maison donnant sur la cuisine.

J'eus la tentation le soir d'aller déterrer mon chassepot caché à vingt pas du moulin dans le bois, de revenir par une porte de sortie communiquant presque à sa chambre, d'embrocher ce colonel et fuir dans la forêt à quelques pas de là, en emportant le drapeau du régiment déposé dans la chambre et en sautant par la fenêtre.

Rien n'était plus facile par la disposition des lieux, même sans presque de danger pour sa vie ; à cet égard, j'en faisais complétement le sacrifice ; je fus retenu par cette famille qui m'accordait déjà depuis plusieurs jours l'hospitalité la plus large, avec une bonté et un désintéressement auxquels je me plais ici à rendre hommage.

Si jamais ces lignes viennent à être lues par la famille de M. S .., qu'elle soit bien convaincue de ma profonde reconnaissance pour le service qu'elle m'a rendu, en me recueillant à un moment où j'allais être, ou tué ou prisonnier et conduit en Allemagne.

Un mot sur cette excellente famille :

Le père, homme de sens et de cœur, dépourvu de ces préjugés ordinaires aux gens de la campagne, empêchant à ceux-ci tout raisonnement sérieux et digne d'intérêt, déplorait avec douleur les malheurs de notre patrie et, dans un langage que l'on trouve rarement parmi les habitants de la province, me déduisait déjà les conséquences finales de cette guerre. Jusqu'à présent ses prévisions se sont trouvées justifiées, si je songe à la continuation de nos défaites, la paix onéreuse que nous avons subie et l'insurrection de Paris.

Sa femme, excellente mère de famille, digne et brave personne, est respectable à tous égards.

Les deux enfants, un petit garçon et une jeune fille de dix-huit ans, intéressants comme le sont leurs parents. La jeune fille surtout, bonne et douce comme me l'a parue sa mère, belle comme une madone d'Italie, si je me rappelle sa taille élégante, sa figure régulière, quoique un peu pâle et légèrement colorée d'une teinte de rougeur, ses beaux et grands yeux bleus, ainsi que l'abondante chevelure blonde ornant sa jolie tête; en un mot, toute la délicatesse de sa personne faite pour inspirer l'amour le plus pur et le plus vrai.

Cette jeune fille fut à mon égard, pendant mon séjour forcé dans sa famille, d'une bonté charmante, et j'ai, en partant, emporté d'elle le meilleur souvenir.

Du reste, toute cette famille ne m'a pas encore oublié, car avant que ce livre ne fût écrit, je recevais d'elle une lettre, de laquelle le lecteur me permettra d'extraire ce qui suit :

« Dampierre, par Ouzouer-sur-Loire,
« Mai 1871.

« Monsieur,

« Après nous avoir quittés, vous avez « encore éprouvé bien des fatigues, bien « des privations et des souffrances ; pré- « sumant que vous deviez être dans l'ar-

mée de Bourbaki, nous fûmes dans une
« grande inquiétude à votre égard lorsque
« nous apprîmes les résultats de la cam-
« pagne et l'internement en Suisse ; grâce
« à Dieu, vous en êtes sorti sain et sauf
« et avez pu rentrer dans votre famille.

« Veuillez tenir pour assuré que vous
« n'êtes désormais un étranger pour nous,
« que votre souvenir sera longtemps gardé
« dans la famille, et que notre seul regret
« est de n'avoir pu vous continuer, par
« votre départ hâté, l'hospitalité qu'on
« s'était fait un bonheur de vous offrir. »

Cette lettre me causa un véritable plaisir, surtout venant de ces braves gens.

Le lendemain de mon arrivée à Dampierre, j'allai la matinée voir les Prussiens passer sur la route ; l'un d'eux, conduisant une voiture de réquisition, eut le pied de son cheval pris dans une chaîne : il me fit signe de le dégager, je refusai. Alors ce Prussien, d'un blond fade, type de gros rustre et de manant, m'attrapa et me flanqua un coup de poing derrière la tête. Je crois que je n'ai jamais été de ma vie aussi humilié qu'en recevant ce coup de poing d'un être aussi ignoble. Je mourais de rage; avec quel plaisir, si nous avions été seuls, je lui aurais tordu le cou; mais derrière lui, en avant et partout, remuait une fourmillière de Prussiens qui m'aurait impitoyablement massacré, si je m'étais pris au collet avec ce gredin.

Pendant mon séjour chez M. S..., quelque chose de fâcheux faillit m'arriver encore :

Lorsque les Prussiens quittèrent le moulin, éloigné d'une demi-lieue du village et situé dans le bois, M. S..., patriotique comme il l'était, me proposa un jour de tendre la nuit dans les bois donnant sur la route, avec lui et mon tirailleur algérien, logé chez un cultivateur à côté, une embuscade aux hulans faisant le service d'estafettes entre Orléans et Gien, et *vice-versâ*.

J'acceptai, avec le soin de régler tous les détails ; il ne s'agissait au surplus pour nous que de déterrer chacun nos armes, partir vers minuit nous embusquer et attendre là.

Mais M. S... voulut le concours de quelques paysans; il en fit entrer plusieurs dans la confidence, et ceux-ci promirent d'aider et venir à l'endroit désigné pour l'embuscade.

Seulement, au moment de partir, le patriotisme les abandonna, et lâches comme l'ont été pendant cette campagne la majorité des paysans, ils ne vinrent pas ; nous étions juste quatre au départ pour attaquer les Prussiens.

On partit néanmoins à travers bois, mais on ne vit rien cette nuit-là.

Le lendemain le curé du village, jésuite s'il en fut un, me rencontrant dans Dampierre, m'engagea, sachant que j'étais allé en embuscade, à quitter le pays de suite, car il y avait du danger pour moi à y rester, me disait-il ; en outre, il me fit entendre assez indirectement que si je retardai mon départ, et avec mes intentions hostiles contre nos ennemis, on me livrerait à ceux-ci ; je le compris, mais ne lui promis rien.

C'est ce même curé qui, un dimanche

en chaire, disait que si les Prussiens venaient à Dampierre, il irait au-devant d'eux bannières déployées.

Vous voyez, ces gens là avaient des attentions et des sympathies pour nos ennemis.

Le soir même (j'étais couché à ce moment), vint au moulin l'adjoint du pays, assisté de quatre ou cinq conseillers municipaux, prier M. S... de me renvoyer immédiatement, car, disaient-ils, si jamais j'avais le malheur de tuer un Prussien, le pays serait ravagé et brûlé, qu'il valait mieux que je partisse; que pour leur sécurité ils exigeaient ce départ, en faisant entendre à M. S... que s'il n'y accédait par mon renvoi de chez lui, ils me dénonceraient, les poltrons et les lâches, aux Prussiens, et me feraient prendre.

M. S... refusa net, tant qu'il me serait impossible de passer la Loire. J'appris de lui ce fait le lendemain; je ne m'en émus pas; la menace de ces paysans resta, du reste, sans effet, et je pus passer sans beaucoup d'inquiétude les deux ou trois jours qui précédèrent mon départ.

Il y avait au premier étage du moulin un lit que j'occupai la nuit. Pendant une de ces nuits, un Prussien plus fatigué que les autres, sans doute, vint s'installer à côté de moi ; je me rappelle toujours cette vilaine figure couverte d'une barbe rousse mal soignée, et qui me faisait songer comment que de pareilles têtes avaient pu nous battre. J'avais bien envie de l'étrangler, mais j'étais seul sans armes, et à l'entour de lui se trouvaient quarante de ses camarades. Il ne doutait assurément pas, ce Prussien, qu'il était couché côte à côte avec un zouave de l'armée française.

La Loire étant venue à dégeler, je la passai un soir ainsi que plusieurs civils, après bien des difficultés avec le passeur, qui avait déménagé sur l'autre rive et se refusait complétement à venir nous chercher.

M. S... vint me conduire jusqu'à notre barque et je pris là congé de lui.

Vingt minutes après nous étions sur la rive gauche au village de Saint-Aignan.

XIX.

Dans le cours des faits racontés au paragraphe précédent, j'appris la sortie de Paris par le général Ducrot et la bataille de Champigny.

Cette sortie victorieuse ramena la confiance dans les esprits et raviva l'espoir de vaincre ; pourtant ce général, quoiqu'il eût gagné bien du terrain et reculé la ligne d'investissement par trois jours de combat, repassa néanmoins la Marne et se renferma de nouveau dans Paris Pourquoi?

Parce que ce mouvement de recul faisait partie, m'ont dit plusieurs Parisiens, du trop fameux plan du général Trochu, plan que tout le monde sait n'avoir abouti qu'à la capitulation. Mais n'avançons pas.

La sortie de Paris annoncée à la province par des proclamations de M. Gambetta, produisit, je le répète, la plus heureuse impression ; on ne doutait plus de l'armée renfermée dans cette ville, de laquelle on avait été si longtemps à entendre parler, et si, à l'exemple du maréchal Mortier passant sur le corps des Russes à Dierstein, en 1805, elle eût passé entièrement sur les Prussiens entre Versailles et Melun, pour tomber soit sur les derrières de Frédéric-Charles à Orléans, ou bien prendre à toute vitesse la direction de l'ouest et opérer aux alentours du Mans sa jonction avec le général Chanzy, en broyant et brisant tous les obstacles sur son passage ; alors elle eût mérité du pays doublement si l'on songe que, battant Frédéric-Charles, elle eût arrêté la retraite de l'armée de la Loire, ou bien joint à l'armée de Chanzy, elle eût pu, avec une masse aussi compacte, revenir débloquer entièrement Paris, et pousser l'ennemi dans toutes les directions.

Ceci dit, je reviens à l'armée de la Loire.

réorganisée à Bourges et Nevers, laquelle prit à ce moment, le nom d'armée de l'est.

Cette armée, composée de quatre corps d'armée, les 15e, 18e, 20e et 24e, était commandée en chef par le général de division Bourbaki et formait un effectif d'environ 150,000 hommes.

Elle était chargée de dégager la place de Belfort, investie par l'armée du général Werder ; couper les communications avec l'Allemagne et envahir le grand-duché de Bade.

Ce mouvement devant Belfort était merveilleux si on avait été quatre ou cinq jours à l'exécuter, mais on fut trois semaines et tout le monde le savait, les Allemands plus que tout autre.

Le plan à suivre avait été donné par un officier d'état-major de la division de Besançon, et Gambetta l'avait adopté.

Quand j'eus passé la Loire, je fus plusieurs jours encore à retrouver mon régiment que je savais dans la direction de Bourges.

Je traversai, en la compagnie de soldats isolés comme moi, pour la plupart prisonniers échappés aux Prussiens, plusieurs villages du Loiret : Saint-Florent, Coullons, Autry, Cernoy, Beaulieu, enfin Côsne, où nous repassions de nouveau la Loire sur la rive droite pour aller à Nevers.

Nous restâmes une journée à Cosne, et le lendemain le chemin de fer nous conduisit à Nevers, sur une réquisition du sous-préfet faisant fonctions d'intendant

A Côsne, nous avions acheté une oie, qu'un de nos camarades, tirailleur algérien indigène, fut chargé de faire cuire au four d'un boulanger Celui-ci lui promit l'oie pour une heure de l'après-midi ; mais soit oubli, soit travail plus pressé, notre boulanger, à une heure, n'avait pas d'oie cuite lorsque mon turco vint la chercher. Ce dernier s'exprimant difficilement en français et comprenant mal le boulanger, qu'il croyait vouloir lui refuser l'oie, se mit en grande fureur et voulait faire passer un mauvais quart-d'heure à celui-ci. Heureusement, nous étions arrivés quelques minutes après lui et nous lui fîmes comprendre que le boulanger avait oublié et allait sur-le-champ réparer son oubli par la cuisson immédiate. Notre turco avait de la peine à se contenter de ces explications et répétait à chaque minute : *Boulanger... carottier besef!*

Une heure et demie après, notre oie était mangée, au grand contentement de tout le monde et du turco en particulier, qui la trouvait *bono* et nous extrêmement délicieuse.

Je rejoignis mon régiment à Nevers et j'allai le jour même coucher avec lui à la Charité.

Quelques jours après nous prîmes à la garede Decize le chemin de fer pour Besançon. Nous traversâmes le Creuzot, Chalon-sur-Saône, Macon, Bourg et Lons-le-Saulnier.

Mon régiment faisait partie à l'armée de l'est du 20e corps d'armée, commandée par le général Clinchant, de la 2e division de ce corps, commandée par le général

Tortone, brave homme s'il en fut un, et de la première brigade commandée par un colonel de tirailleurs algériens, faisant fonctions de général, dont le nom m'échappe.

Un mot à propos du général Tortone :

A Chagny, mon bataillon resta en gare une journée et une nuit en attendant l'ordre du départ.

N'ayant rien de mieux à faire, beaucoup de zouaves allaient à la découverte, ou pour m'exprimer dans notre langage, allaient voir si on ne pourrait pas *chaparder* quelque chose.

On trouva un wagon rempli de pains.

Bien vite la trouvaille fut connue de tout le monde et chacun à l'envi venait prendre un, deux, puis trois, et quelquefois quatre pains ; de sorte qu'en l'espace de quelques minutes l'on avait pris 400 pains environ. Presque tout le bataillon en était fourni, du reste.

Quelle bonne aubaine, nous qui avions reçu le matin une petite ration de pain gelé pour deux jours.

Un zouave plus gourmand que les autres avait pris pour sa part au moins douze pains ; ne pouvant garder le tout à lui seul, il alla dans Chagny en vendre.

Le général Tortone venant à passer de son côté, le prit à ce petit commerce, il le saisit et lui dit : *Chenapan que tu es, comment, tu oses vendre du pain que tu as volé, je le sais, et qui, à toi, te serait si utile; tu mériterais que je te fisses passer en cour martiale, mais j'aime mieux te..... tiens !...* et passant de la parole à l'exécution, il lui appliqua sa botte dans.... un endroit sensible en ajoutant : *Va-t'en! et que je ne te repince plus.*

Mon zouave ne se le fit pas dire deux fois, et se sauva tout en riant, heureux d'en être quitte à si bon marché.

C'est à Chagny aussi que deux officiers de mon bataillon, traversant un corridor, trouvèrent dans ce corridor un broc rempli de vin, laissé sans doute là par la personne entrée dans l'appartement; ils le prirent et me le donnèrent à porter ainsi qu'à un de mes camarades, habitant l'Espagne, engagé volontaire comme moi et charmant garçon s'il en fût, mais nous eûmes bien soin de ne pas leur rendre et de le boire à leur santé.

XX.

Nous étions à Besançon le premier jour de l'an 1871.

Mon régiment occupait un petit village à une demi-lieue de cette ville, et chacun dans la journée pouvait y descendre.

Je n'eus rien de plus pressé le matin que de le faire, et j'allai demander l'hospitalité d'une journée à M. X..., lequel précédemment, m'avait eu en logement.

Il y consentit volontiers et j'eus garde de ne pas accepter.

Je me mis immédiatement en demeure de procéder à un nettoyage complet de ma personne ; j'avais un réel besoin de le faire.

A cette époque chaque soldat commençait déjà à porter cet état de misère et de saleté qui a causé en Suisse, lors de notre entrée, tant d'étonnement.

L'un avait ses pantalons en lambeaux, l'autre n'avait plus qu'un reste de chaussures; un dernier pas de couverture pour la nuit, et ainsi de suite, et par-dessus tout une malpropreté dégoûtante, occasionnée surtout par le non-changement de linge.

On promettait toujours de nous rééquiper entièrement, mais la chose n'eut jamais lieu. Nous dûmes garder l'équipement actuel qui avait fait deux campagnes par tous les temps, temps de boue, froid, gelée, pluie, neige, et qui avait roulé sous les tentes par ces mêmes temps, jusque dans les premiers jours de décembre, époque à laquelle un arrêté de Gambetta nous fit coucher chez des particuliers.

Les habitants de Besançon étaient touchés de notre misère, ils l'allégeaient un peu en nous donnant quelques chemises, des tricots et caleçons, des chaussettes et des couvertures.

Le soldat en temps de paix, bien astiqué, est quelquefois curieux à voir, mais en campagne il n'est pas beau, allez! et surtout lorsqu'il est tant soit peu démoralisé.

Pour être juste, il faut dire qu'à ce moment nous ne l'étions nullement malgré nos défaites, et que l'on avait beaucoup de confiance dans le général Bourbaki; chaque soldat faisait son petit plan de campagne en stratégiste consommé, et suivant lui ce général ne devait faire qu'une bouchée des Prussiens de Werder.

Malheureusement, il n'a pu en être ainsi.

Nous recevions l'ordre à la fin de la journée de quitter Besançon pour aller à Dannemarie, village à trois lieues de là.

On partit; je restai à Besançon la nuit; je voulais ne pas m'en aller sans emporter le linge que j'avais donné à laver et qui n'était pas prêt; mon capitaine, en rentrant le lendemain matin, me mit quatre jours de garde du camp pour absence illégale.

A cela près, j'avais de quoi être propre pendant quelque temps et je n'en étais pas fâché.

Après un séjour de deux jours à Dannemarie, nous quittions ce village pour marcher dans la direction de Belfort.

Nous passâmes par Voray et Montbazon, dans la Haute-Saône, pour aller à Foutenay, où nous restâmes plusieurs jours.

C'est à ce village que j'assistai pour la première fois à une exécution militaire; j'étais du piquet d'exécution.

Un zouave de la 6e compagnie de mon bataillon avait été condamné à mort par la cour martiale, pour avoir volé dans un village près Besançon, quelques paires de chaussettes. Il devait être exécuté le matin de notre départ

Je trouvai la sentence par trop rigoureuse.

Que l'on fusillât pour des cas graves,

tels que meurtre, vol à main armée, refus de service, insultes envers un supérieur, désertion à l'ennemi et autres cas semblables, très bien ; mais que l'on ôtât la vie à un homme pour une niaiserie pareille à celle ci-dessus, c'est un procédé par trop raide ; je ne pouvais plus douter un seul moment en voyant cela, du peu de cas que l'on faisait de la vie des soldats.

J'ai eu beaucoup de sympathie pour Gambetta, et assurément je lui en garde encore aujourd'hui une bonne part, mais je n'ai jamais pu pardonner à celui-ci l'institution de la cour martiale, laquelle n'a fonctionné exclusivement que pour les soldats, et n'a jamais atteint les officiers, qui bien souvent méritaient d'y comparaître plus que tout autre.

Pourquoi cette impartialité ? Ah ! voilà ! c'est que le soldat est un... pauvre diable, et l'officier un... ange, même quand il capitule et vend son pays.

Je ne suis pourtant pas sensible, mais cette exécution me causa une douloureuse impression.

Le lendemain nous étions de grand'-garde dans un bois en avant de Villersexel.

Les paysans de ces contrées, quoique bien ruinés par les Prussiens, vinrent néanmoins au-devant de nous avec toutes sortes de provisions, soupe aux pommes de terre, viande, pain et vin ; nous fûmes extrêmement touchés de l'attention de ces braves gens, qui se continua tout le temps de notre grand'garde. Ces vivres tombaient à souhait, car nous avions bien peu de chose ; sans eux, je crois que nous n'aurions eu, pour toute nourriture, que du café, seul vivre qui nous restait encore.

Il y avait longtemps depuis notre entrée en campagne que nous n'avions vu pareille démarche à notre égard. Nous étions plutôt habitués de la part des paysans et de certains bourgeois de contrées non envahies surtout, à essuyer des refus lorsqu'on leur demandait la plus petite chose, avec cette sécheresse de cœur et l'égoïsme qui les caractérisent.

Les populations envahies apprécient

mieux les besoins du soldat, c'est ce qui explique de leur part l'empressement à nous être utiles.

Quelques jours après, le 12 janvier, nous étions sur le champ de bataille de Villersexel.

L'artillerie française attaqua à dix heures du matin les positions prussiennes, solidement établies dans ce village et au château du comte de Grammont, frère de l'ancien ministre.

On lança des obus sur le château, qui s'écroula en engloutissant sous ses décombres plusieurs centaines de Prussiens.

Enfin, le village de Villersexel fut enlevé le soir à la baïonnette par les zouaves de mon régiment, le 92e régiment de ligne, je crois, et quelques bataillons d'infanterie de marine et de chasseurs à pied, qui s'y établirent.

La résistance avait été acharnée de la part des Prussiens, malgré cela le gain de la bataille nous resta.

Ce fut d'un bon augure pour le début de la campagne.

Le comte de Grammont n'avait sauvé de son château incendié que le vin de sa cave, néanmoins il le mit à la disposition des premiers soldats entrés dans le village.

Le jour suivant l'armée contiua à se battre par l'attaque de plusieurs villages en avant d'Héricourt, Grangeville et Sarcey, je crois. Le soir nous en étions maîtres et les Prussiens battaient en retraite sur Belfort.

Je faillis ce jour-là être tué ; ma compagnie, au moment de l'attaque, fut la première déployée en tirailleurs en avant des batteries françaises et face à celles prussiennes. Ces dernières, à notre vue, firent pleuvoir sur nous une grêle de mitraille ; on se coucha par terre ; à ce moment, je voulus remettre ma couverture se perdant de mon sac et me relevai pour pouvoir l'attacher ; les Prussiens ayant alors un point de mire, lancèrent des obus dans ma direction ; un de ceux-là me rasa la tête de si près, que je crus un moment ne l'avoir plus jointe à mes épaules.

XXI.

Si ma mémoire est bien exacte, la disposition des corps d'armée devant Belfort devait être celle-ci : le 20e corps était au centre, le 24e à l'aile gauche, les 15e et 18e à l'aile droite.

Ces deux derniers corps prirent après Villersexel, Montbéliard, moins le château, qu'on ne put enlever aux Prussiens et qui fut un obstacle à la marche en avant.

Mon corps attaqua Héricourt les 14, 15 et 16 janvier sans succès.

Les Prussiens ayant fortifié avec des pièces de siége les hauteurs se trouvant derrière ce village, formant le fer à cheval, et admirablement disposées par la nature pour la défense, pouvaient, pour le cas d'une attaque de front et à découvert, nous faire perdre beaucoup de monde.

Il eut fallut empêcher ceux-ci la nuit même de la bataille de Villersexel, par une poursuite vigoureuse, d'établir des batteries à Héricourt ; ce jour-là aucune n'existait encore. Pourquoi ne l'a-t-on pas fait? La nuit qui suivit la bataille de Villersexel fut une fuite à toutes jambes de leur part, disaient les paysans, et il était facile avec un peu plus de résolution de les empêcher de se reconnaître.

D'un autre côté on pouvait encore emporter ces positions par une attaque de flanc et en établissant des batteries d'artillerie sur une petite éminence qu'un paysan avait indiquée, sur le côté gauche du bois, en face Héricourt, au général qui n'en profita pas.

On se contenta d'établir des batteries de front qui tirèrent pendant deux jours sur Héricourt sans aucune espèce de résultat ; les Prussiens n'y répondaient même pas.

Mon régiment, pendant ces quelques

jours, occupait le bois faisant face à Héri court, à côté du village de Bethoncourt.

Nouscouchions dans la neige sans même avoir la possibilité de faire de feu, puisque nous étions à un kilomètre des Prussiens.

Personne n'a oublié sans doute le froid rigoureux du mois de janvier, il se faisait tellement sentir, que plusieurs de mes camarades restèrent gelés dans la neige; ce froid atteignait 40 degrés. C'est à ce moment que nous endurâmes de bien grandes misères ; mal vêtus et mal nourris, nous faisions peine à voir.

Nous restâmes trois jours dans le bois sans pain, les vivres de mon corps d'armée n'étant pas arrivés, et remarquez que cela arrivait souvent.

L'administration des subsistances, pendant cette campagne, a été détestable et n'a pas été étrangère à nos revers.

Nous pouvions dans la journée, du bois où nous étions, descendre dans le petit village de Bethoncourt ; je me procurai à grand'peine un petit morceau de pain et quelques pommes de terre, qui m'aidèrent à vivre deux jours. Je trouvai aussi dans une maison abandonnée la veille par les Prussiens, une paire de galoches fourrées encore neuves, volée probablement par ces messieurs dans un de nos magasins et que l'un d'eux avait oubliée. Je les pris vivement ; elles remplacèrent mes souliers Godillot troués à deux ou trois endroits.

Vous le voyez, nous profitions de tout, car à ce moment nous commencions déjà à faire une pauvre armée, faute de l'essentiel qui manquait.

Tout gouvernement doit se convaincre de ceci : que pour faire un bon soldat, il faut avant tout trois choses : le bien payer, le bien nourrir et le bien vêtir ; à cette condition il en aura d'excellents qui seront patriotes, courageux et marcheront toujours ; autrement jamais ! Le patriotisme, avec la meilleure volonté du monde, vous abandonne lorsqu'on est plusieurs jours sans manger.

Comparez les soldats français aux soldats prussiens ; voyez si ces derniers manquaient du nécessaire et si le tout n'arrivait pas à temps. Ah ! c'est que ces gens-là nous sont supérieurs comme administration ; il faut bien le reconnaître.

Toutes ces choses vraies sont malheureuses à dire, mais il faut les dire pour que nous nous illusionnions plus et que nous sachions pour l'avenir être ce que nous avons été dans le passé.

Je me rappelle toujours l'impression que me causa la première fois la vue des soldats allemands à la campagne de la Loire ; quoique je ne crus pas les mensonges débités par les journaux sur leur compte, je ne me figurais pas pareils hommes, tous bien pris, bien bâtis, robustes et d'une grande force physique. J'avais là, devant moi, un peuple jeune, viril, fort, n'ayant pas encore abusé comme nous de toutes ces jouissances matérielles et de sens qui nous ont fait dégénérer.

Et quand je reportai ma pensée sur le soldat français, petit, chétif, débile et sans force physique apparente ; quel contraste c'était pour moi !

Lorsque le général Bourbaki vit la résistance qu'on lui opposait devant Héricourt, il ne se dissimula plus la gravité de sa position ; il fallut songer, non pas à dégager Belfort, mais bien au contraire à battre en retraite sur Lyon, en suivant les défilés du Jura bordant les frontières suisses, pour échapper aux 100,000 hommes du général de Manteuffel, arrivant de Dijon par derrière nous à marches forcées, ou bien si on ne le pouvait, entrer en Suisse par la trouée de Pontarlier.

Dans un conseil de guerre tenu au coin du bois la veille de notre départ, la retraite fut décidée.

Au dire des uns, le général Bourbaki déplorait la situation qui lui avait été faite, en l'obligeant presque malgré lui à faire cette campagne qu'il prévoyait être un insuccès ; surtout avec un ramassis d'hommes armés n'étant pas des soldats. Il n'avait de solides, disait-il, qu'une cinquantaine de mille hommes.

Selon les autres, ce général aurait été indécis dans ses résolutions ; de vieux liens le rattachant à la cause bonapartiste l'empêchait d'embrasser franchement le parti de la République ; le temps qu'il prenait à réfléchir, Manteuffel lui, l'employait à marcher ; et l'on ajoutait aussi qu'à son passage à Besançon, le même général avait eu la visite d'agents importants de Napoléon, lesquels, par toutes sortes d'insinuations, l'avait décidé à faire manquer la campagne.

Je donne ces bruits pour ce qu'ils valent, mais ils ont couru dans l'armée.

Depuis notre arrivée devant Belfort, nous entendions chaque jour la canonnade entre les batteries des forts et celles des assiégeants ; c'était un bruit d'enfer.

Rien ne découragait le colonel Denfert, son héroïque défenseur, lequel, par sa tenacité, son courage et son indomptable énergie, avait su conserver jusqu'alors à la France cette importante place de l'est, en faisant chaque jour subir aux Prussiens des pertes considérables.

Menaces, mauvaises nouvelles, rien ne put ébranler ce caractère de fer, bien décidé à s'ensevelir dans la place plutôt que de la rendre.

Honneur au colonel Denfert et à la garnison sous ses ordres !

Honneur à cette garnison qui sut si bien remplir son devoir et supporter avec un mâle courage toutes les misères d'un siége.

Honneur surtout à celui, dont l'attitude martiale sut maintenir si haut le drapeau de la France, tandis que d'autres... le laissaient tomber si bas.

Honneur ! honneur ! à ce soldat, à ce Français !...

Aussi, lorsqu'après la retraite de Bourbaki et la signature des préliminaires de paix, le colonel Denfert reçut l'ordre de rendre à l'ennemi la forteresse de Belfort, il obtint pour son armée la sortie libre de la place avec armes et bagages et les honneurs de la guerre.

Ma compagnie, avant le départ, monta la dernière grand'garde aux postes avancés ; nous fûmes relevés le soir par une compagnie de mobiles de la 1re division du 20e corps.

Il faut croire que les mobiles n'inspiraient pas grande crainte aux Prussiens, car ceux-ci, deux heures après, reprenaient le village que nous avions gardé en notre possession depuis que nous l'occupions.

Remarquez que les Prussiens ne bougèrent pas tant que les zouaves furent là.

Les avant-postes des deux armées étaient à 150 mètres l'un de l'autre, dans deux petits bouquets de bois parallèles, et au milieu desquels se trouvait une grande excavation.

On voyait les allées et venues de part et d'autre, aussi une fois les Prussiens nous crièrent-ils en très bon français : *Eh! les zouaves! venez-vous boire un coup!*

Nous trouvâmes ces messieurs fort polis, mais on ne profita pas de leur politesse.

Pour en revenir aux mobiles, je crois que si ces derniers avaient été bien commandés, bien dirigés, ils auraient été aussi excellents soldats que tout autre; il ne leur fallait pour cela que de bons officiers, braves, courageux, ne boudant pas au feu, comme le plus grand nombre des officiers de l'armée régulière.

L'on pouvait trouver ces officiers pour les grades de capitaine et lieutenant parmi les vieux sous-officiers de l'armée ; ils auraient certainement rendu sous tous les rapports de plus grands services qu'en ont rendu les officiers actuels.

Mais le gouvernement d'alors a mieux aimé nommer dans la mobile, sans s'inquiéter des connaissances spéciales et de la valeur individuelle, tout ce qu'il y avait d'aristocratique dans le pays comme nom et comme argent.

Et les personnes, objet de ces nominations, avaient bien garde de refuser, même sachant leur incapacité, tant l'amour de la parade chez elles était passé à l'état chronique ; et puis, la vanité de montrer dans une soirée ou une fête officielle quelconque, un beau costume tout galonné d'or, un sabre tout neuf, pas bien méchant, comme cela rend heureux. On aime tant en France tout ce qui reluit.

Si l'on était désintéressé dans des cas aussi graves que ceux que nous avons traversés, ne serait-il pas patriotique de laisser au mérite et à des capacités indiscutables, certains emplois? Mais demandez donc du désintéressement à toutes ces nullités! Du désintéressement répondront-elles : inconnu au bataillon. Non! non! chacun pour soi et Dieu pour tous.

Vous ne rencontrez toujours que le plus pur égoïsme.

Les événements militaires marchaient aussi sur une autre partie du théâtre de la guerre.

Le général Chanzy tenait furieusement tête aux Prussiens aux environs du Mans, en se maintenant dans ces contrées avec beaucoup d'avantage.

Et quant au général Faidherbe, commandant l'armée du Nord, il harcelait continuellement l'ennemi par des combats où nous restions victorieux. Le général Faidherbe s'est particulièrement distingué à la bataille de Saint-Quentin, où toute la journée lutta contre des forces triples des siennes.

Les Prussiens ont en grande estime la

valeur et les talents militaires de ce général, aussi répétaient-ils souvent : *Que si la France avait eu pour généraux, rien que des Faidherbe, ils n'auraient jamais pu entrer dans notre pays.*

XXII.

Comme je l'ai dit plus haut, nous dûmes battre en retraite après l'insuccès devant Héricourt.

Notre marche fut précipitée, si je songe à la longueur du chemin que nous faisions chaque jour.

L'artillerie marchait en avant et l'infanterie par derrière ; quant à la cavalerie je n'en ai vu nulle part ; je crois qu'elle n'a pas été nombreuse à la campagne de l'est.

Je me souviens toujours des chevaux conduisant l'artillerie ; ces pauvres bêtes ne mangeant pas toujours chaque fois qu'elles avaient faim, maigres, décharnées et obligées, par des chemins mauvais et même à travers terre, de traîner leurs canons, présentaient le plus triste tableau; leurs conducteurs ne leur épargnant pas non plus les coups de fouet; cela faisait peine. Je n'eus pas été aussi sensible à la mort de milliers de Prussiens, que je ne l'ai été à la misère de ces pauvres bêtes; pourtant, ce n'était encore qu'un commencement, je devais voir pire.

Le troisième jour de notre retraite et ne pouvant plus marcher, je laissai partir la colonne; je dois dire qu'une blessure que m'avait faite en classe un de mes camarades et dont je me ressentais encore m'empêchait, après une longue course, de pouvoir continuer davantage.

J'entrai dans un village chez un paysan, avec quelques camarades, faire notre popotte; nous n'avions pas mangé depuis notre départ le matin, et il était deux heures après midi.

Nous nous apprêtions à manger la popotte venant d'être cuite, lorsque le paysan rentra tout effaré et nous dit : *Allez-vous en! allez-vous en! V'la les Prussiens! v'la les Prussiens! je ne veux pas vous voir chez moi. Vous allez me faire brûler, etc., etc.*

Remarquez que nous ne nous en allâmes point du tout, que nous continuâmes de manger très tranquillement, et que les Prussiens vus par notre paysan n'étaient autre que des lanciers français en arrière. Les Prussiens inspiraient tellement de frayeur à ces gens-là, qu'ils en voyaient partout, même quand il n'y en avait nulle part.

Enfin, nous partîmes au grand contentement du paysan, qui se sentait plus rassuré.

J'allai fort avant dans la nuit coucher dans un village où je croyais rencontrer mon régiment ; pas de régiment ; il était à Beaume-les-Dames (chose que j'ignorais alors).

J'étais à Besançon le lendemain soir ; sûrement, me disais-je, je le rejoindrai là ; à Besançon, rien non plus.

Pourtant tous les corps d'armée devaient passer par cette ville, le 20e corps par conséquent.

Ne sachant où me diriger, j'attendis là deux jours.

Enfin, ne voyant rien venir, j'allai à la division faire constater ma présence. On me délivra un billet avec lequel je partis au bureau de l'intendance.

A l'intendance, je trouvai dans ma position sept à huit cents hommes appartenant à tous les régiments.

On nous classa par corps d'armée pour nous diriger, et nous allions au départ recevoir 1 fr. 25 cent. pour notre route, lorsque le général Rolland arriva au galop dans la cour de l'intendance.

Il attrapa d'une façon désespérante l'intendant, et termina son dialogue un peu trop cavalier en ce qui nous concernait, par ceci ; *F..... moi tous ces gens-là à la porte et qu'ils aillent rejoindre leur corps, si j'en revois un je le fais fusiller immédiatement.*

Vous le voyez, il n'y allait pas de main morte ce général.

Besançon lui rendit enfin justice et reconnut que, grâce à son caractère énergique, il l'avait préservé de toute souillure prussienne.

Aussi cette ville lui vota-t-elle une médaille d'honneur pour sa ferme attitude dans le commandement de la division, et lorsque le gouvernement le remplaça, elle lui fit à son départ une ovation splendide.

Après tout, me disait en chemin de fer un habitant de Besançon, je crois que le général Rolland, au fond, était un brave homme et qu'il faisait bien plus le méchant qu'il ne l'était réellement.

On prétend que ce général et le général Bourbaki, de retour devant Belfort, eurent entre eux une discussion des plus violentes sur le résultat de la campagne de l'est ; et que cette discussion qui avait affecté beaucoup le général Bourbaki, n'aurait pas été étrangère à la tentative de suicide qu'il accomplit quelques jours après.

Je rapporte tous ces bruits qui ont couru dans l'armée, mais sans les affirmer, bien entendu.

Après être sorti de Besançon je rejoignis mon corps à Château-Farines, sur la route de Vesoul.

Ma compagnie était aux postes avancés, déployée en tirailleurs.

Mon capitaine, M. Paris, me demanda la cause de mon absence ; je la lui dis. Il ne voulait pas me croire et me menaçait de me faire passer en cour martiale et de m'envoyer douze balles dans la tête.

Quelle jolie perspective !

Je n'avais pas le bonheur de plaire à ce capitaine, qui me gardait rancune depuis ma pétition d'Algérie.

Le lendemain nous quittions Château-Farines, pour continuer notre retraite par les montagnes du Doubs, touchant à la Suisse ; nous suivions la route de Besançon à Pontarlier, passant par Ornans.

Un peu avant d'arriver à Ornans, je quittai encore mon régiment, que je ne pouvais plus suivre.

Je fis la route ensuite avec une compagnie de francs-tireurs : ceux de la Haute-Loire, autant que je me rappelle

Nous arrivâmes le 30 janvier à un kilomètre en avant de Pontarlier, au village de Doubs.

C'est là que j'appris qu'un armistice était signé à Versailles entre M. Jules Favre et M. de Bismark.

Mais cet armistice ne s'appliquait pas à l'armée de l'est ; le général Clinchant devenu commandant de cette armée, en remplacement du général Bourbaki, qui s'était tiré à la tête un coup de pistolet, mal renseigné par son gouvernement sur l'interprétation à donner à la teneur de la dépêche, lui annonçant l'armistice, arrêta sa marche sur Lyon, croyant que son armée était comprise dans cet armistice.

Manteuffel qui arrivait aussi à Pontarlier, l'en dissuada immédiatement en l'attaquant aussitôt.

Le général Clinchant n'eut plus d'autres ressources alors que d'accepter une bataille pour se frayer sa route vers Lyon, ou bien entrer en Suisse.

C'est à quoi il se résigna.

L'ordre fut donné d'entrer sur le territoire de la confédération helvétique, le 1er février.

Une convention conclue entre le général Clinchant et le général Herzog, commandant en chef des troupes suisses, régla le mode d'entrée.

Cette entrée fut protégée par les forts au-dessus de Pontarlier, le fort de Joux notamment, et par une division du 24e corps, laquelle forma l'arrière-garde de l'armée ; une partie de ce corps put s'échapper sur Lyon.

A propos du fort de Joux, je dois dire qu'il avait été vendu aux Prussiens pour 60,000 fr., par le commandant d'alors. Heureusement que ce dernier fut remplacé la veille de notre entrée en Suisse, dans le commandement de ce fort, par un capitaine du train des équipages militaires qui, contrairement à son prédécesseur, empêcha nos ennemis de s'y installer aussi commodément qu'ils l'avaient pensé tout d'abord.

Je tiens ces détails d'un sergent de la douane de Pontarlier, qui me les a donnés comme étant de la plus grande exactitude.

L'armée française entra en Suisse par le canton de Neufchâtel et le canton de Vaux.

J'y entrai moi-même par les montagnes, et je descendis aux Verrières (Suisse) ; j'avais été désarmé un peu en avant des Cernets.

Lorsque je me vis sur le territoire suisse et ne sachant de quel côté se trouvait mon régiment, je résolus d'ôter mon costume militaire, de mettre un habillement civil, et de m'en aller à Neufchâtel directement. Du reste, ma position militaire, en qualité d'engagé pour la durée de la guerre seulement, changeait par le fait de notre entrée en Suisse, qui la faisait cesser entièrement à notre égard, et je me considérai quelque peu libre.

Au surplus, toute équivoque à ce sujet cessa cinq ou six jours après, par la signature des préliminaires de paix, qui annulèrent mon engagement et me rendirent à la vie civile.

Un Suisse me donna une blouse, un vieux pantalon et une casquette, que je payai, et affublé du tout, je me mis en route pour Neufchâtel.

J'avais encore quelque argent, cela me permit de pouvoir faire le voyage jusque là.

XXIII.

L'armistice signé à Versailles, l'avait été en même temps que la capitulation de Paris.

Paris avait capitulé !...

Ainsi cette grande cité, la merveille du monde, malgré ses cinq à six cent mille soldats, s'était rendue aux Prussiens et n'avait pu rompre le cercle de fer qui l'étreignait.

Paris rendait à l'ennemi ses canons, ses mitrailleuses, ses fusils et tout l'attirail de guerre qu'il avait eu tant de mal à forger.

Paris rendait ses forts illustrés par la défense de ces vaillants soldats, qu'on appelle les marins.

Paris allait payer au vainqueur deux

cents millions de contributions de guerre.

Paris devait avoir ce vainqueur dans ses murs et le voir parader dans ses endroits publics.

Oh ! quelle humiliation !

Mais était-ce bien Paris qui se rendait? N'était-ce pas plutôt ces hommes, possédant toute votre confiance et qui n'ont pas voulu rester en arrière de leurs devanciers, en capitulant aussi.

Particulièrement l'homme au fameux plan qui, la veille de la capitulation, faisait afficher en gros caractères dans tout Paris : *Le gouverneur de Paris ne capitulera pas* ! et se démentait le lendemain par un acte contraire.

Que penser de ces hommes, et quoi dire ?

Je dis moi, que ce sont des sauteurs, de beaux parleurs, et rien d'autre.

Ils allègueront pour leur défense que Paris n'avait plus de vivres ; c'est vrai ! mais devaient-ils attendre ce moment, et ne pas plutôt, par un effort puissant, forcer l'investissement ?

On essaya à la vérité, mais ces essais restèrent toujours infructueux, puisqu'on envoyait se battre cinquante mille hommes, où il en fallait cent mille et plus; ce système rentrait, m'ont assuré des gens sérieux de Paris, dans le plan du général Trochu.

Paris pouvait être dégagé si on l'avait voulu, telle est l'opinion de ceux qui ont vu les choses de près dans cette ville. Les Prussiens en fournirent eux-mêmes plusieurs fois l'occasion, lorsqu'ils dégarnissaient leurs lignes pour envoyer des forces, soit contre l'armée de Chanzy, soit contre celle de la Loire, et même l'armée de Faidherbe.

Maintenant je reviens à la Suisse :

Qui ne connaît pas la Suisse, par ses montagnes, ses forêts de sapins, ses chalets, ses lacs, ses Alpes et son Mont-Blanc couverts de neige, et les mille beautés dont la nature s'est plu à la doter?

Qui ne connaît pas cette noble population petite par le nombre, mais grande par le cœur, si sympathique au malheur et si prompte à le secourir?

Qui ne connaît pas les belles institutions de ce peuple instruit et libre, enviées des autres nations, et qui, en nous accueillant dans notre infortune avec autant de spontanéité et d'empressement, a donné à l'Europe entière une si grande leçon d'humanité ?

Qui ne connaît pas, enfin, ce même peuple essentiellement travailleur, actif, laborieux, industrieux, brave et courageux, dont les sentiments à tous les égards sont si élevés, et duquel, lorsque l'on veut exprimer un courage, l'on dit : *Brave comme un Suisse.*

Personne, assurément !

Je me souviens toujours d'une jeune fille d'un village près Bienne, instruite comme le sont généralement tous les Suisses, et qui exprimait si bien les sentiments de sa nation en disant ; *Je suis fière, monsieur, d'être suissesse, et d'être républicaine par-dessus tout, pour rien au monde je ne voudrais être autre chose* !

Elle était radieuse, la belle enfant, lorsqu'elle me disait cela ; j'étais vivement impressionné, en songeant à mon pays, de rencontrer chez cette noble jeune fille autant de sentiment national.

Je voudrais être un Alexandre Dumas quelconque, pour racouter dans un plus pur et plus beau langage tout ce que je ressens sur ce pays que j'aime et que j'estime.

Je fis la route à pied pour me rendre à Neufchâtel ; je traversai tout ce beau val de Travers ; l'un des sites les plus pittoresques et les plus remarquables de ce canton, partant des Verrières et se terminant un peu avant d'arriver au lac, à peu de distance d'Auvernier, en passant par Fleurier, Môtiers, Couvet, Travers, Noraigue, Saint-Sulpice, Rochefort, Corcelles et Peseux.

Un soir, arrêté sur la route en face Noraigue par un magnifique clair de lune, rendant plus blanches encore les couches de neige répandues sur la terre, je contemplai avec bonheur et regardai tout à la fois la conformation bizarre et la vue des montagnes du Val-de-Travers. C'était d'un effet splendide, ce soir de ce clair de lune, et comme je trouvais cela grandiose.

La route que je suivis présentait le plus navrant tableau :

Sur tout son parcours une multitude désarmée de soldats français de tous les régiments, avançant dans l'intérieur de la Suisse, n'ayant plus conscience d'elle-même, découragée, fatiguée, maigre, hâve, mourant de faim, mal habillée, mal chaussée, remplie de misères, malade de toutes les souffrances endurées pendant cette funeste campagne d'hiver, marchant pêle-mêle et sans aucun ordre ; comme c'était triste ! et quelle impression nous produisîmes sur la population suisse qui nous voyait ainsi. C'était à inspirer la plus profonde pitié.

Tous les cinq à six pas vous passiez à côté de malheureux chevaux, morts littéralement de faim, ou bien abandonnés par les cavaliers qui ne pouvaient plus les faire avancer. Ces pauvres bêtes, tellement leur faim était violente, mangeaient la neige, la boue et jusqu'à l'écorce des arbres.

C'était affreux à voir !...

Plus loin, c'était des canons et des caissons abandonnés dans la neige, faute de chevaux pour pouvoir les traîner.

En voyant tout cela on était tenté de croire à une seconde retraite de Russie.

Que le lecteur soit bien convaincu que je ne charge pas les choses à plaisir, elles sont exactement vraies.

J'arrivai à Neufchâtel ; je pris pension dans un restaurant et louai une chambre ; j'échangeai aussi contre des vêtements neufs mon travestissement de paysan. Je fus alors plus présentable.

J'écrivis aussitôt à ma famille de me faire un envoi d'argent, qui me permît de vivre en Suisse jusqu'à mon retour en France.

C'est dans tout le canton de Neufchâtel que je vis comment cette généreuse population suisse savait pratiquer l'hospitalité envers le malheur.

Nos pauvres soldats, exténués comme je l'ai dit plus haut, furent reçus partout avec une touchante bonté et une sympathie véritable ; hommes, femmes, enfants, sans distinction de classe, apportaient à l'envi toutes sortes de soulagements à nos maux ; l'un, faisait des marmites de bouillon, de café et de thé ; l'autre apportait du vin et des cigares ; un troisième donnait jusqu'à de l'argent ; d'autres encore, des chaussures et des vêtements, enfin tous rivalisaient de zèle et d'ardeur pour adoucir nos misères. Les femmes mêmes s'installèrent gardes-malades près de nos blessés, et nos autres malades ; les nobles femmes ! quelle abnégation de leur part.

Quel bon petit peuple tout de même que ce peuple suisse, comme il vaut bien mieux que nous.

Ah ! c'est qu'avant tout il est sérieux et positif.

Tous les soins et les attentions que nous prodiguèrent les Suisses pendant les premiers jours de notre entrée furent continués par eux pendant tout l'internement.

Il n'est pas un seul soldat qui ne soit content de son séjour en Suisse.

Aussi la France doit-elle à ce pays pour tout ce qu'il a fait envers ses malheureux soldats, la plus grande et la plus entière reconnaissance.

On se propose d'élever à Belfort une statue commémorative en l'honneur de la Suisse ; comme ce sera justice et comme j'y souscrirai.

J'employai mes journées à Neufchâtel à courir les environs, les montagnes en arrière du lac, desquelles vous apercevez les Alpes et le Simplon, couverts de neige ; ou bien à me promener par des journées de beau temps en bateau sur le lac. Si nous étions plusieurs, je demandais la permission de ramer, cela me faisait un réel plaisir. Le soir on avait pour distraction le café-concert, et deux fois par semaine le théâtre ; des artistes français jouaient ou chantaient en langue française, et quoique l'on fût en pays étranger, on se trouvait là en pleine France.

Je variai mes distractions en visitant Neufchâtel qui n'a, à vrai dire, rien de remarquable. Ses plus beaux et uniques monuments, du reste, sont ceux élevés pour l'instruction. Tout est simple chez les

Suisses, ils ne sont pas gens à se ruiner pour bâtir des palais à des despotes qui, le plus souvent, vous asservissent ; ils ont cela de bon sur les autres peuples, et ma foi ils ne s'en trouvent pas plus mal, je vous l'assure ; car chez eux il y a beaucoup de confortable et ils vivent très heureux ; ils ne se ruinent pas non plus pour payer leurs gros fonctionnaires, quand je songe que le président de la Confédération a 15,000 fr. de traitement par an, de quoi juste payer sa maison et ses équipages ; et les conseillers d'Etat, espèce de pouvoir exécutif dans chaque canton, 5,000 fr., encore faut-il pr'er ces derniers pour qu'ils consentent à le devenir.

Comparez un peu à proportion, il va sans dire, la France à la Suisse, et dites si on ne pourrait pas dans notre pays faire de bonnes économies si on voulait?

L'armée française entrée en Suisse fut répartie dans presque tous les cantons ; les officiers allèrent en internement notamment à Saint-Gall et à Zurich ; toute l'artillerie resta au parc de Colombier.

Avant de terminer ce paragraphe, je dois dire en ce qui regarde la plupart des officiers français, les jeunes officiers surtout, que leur conduite et leur tenue ne furent pas aussi dignes que le commandait la situation présente ; ils s'attirèrent de la part des Suisses beaucoup de mépris et de blâme, sans compter les journaux qui ne les épargnèrent pas non plus. J'ai vu à ce sujet des articles assez durs sur leur compte, n'étant, en définitive que l'expression de la vérité.

XXIV.

Quelques jours après l'entrée de l'armée française de l'est en Suisse, les préliminaires de paix étaient signés entre la France et l'Allemagne ; préliminaires qui devinrent une paix définitive trois mois plus tard.

Je n'insisterai pas sur cette paix ; tout le monde la connaît : une honte d'abord, un amoindrissement de territoire ensuite, et finalement cinq milliards d'indemnité à payer.

Vous le voyez, il y a dans tout cela de quoi ne pas oublier,

Aussitôt les préliminaires de paix signés, le gouvernement de la défense nationale se retira pour faire place à M. Thiers, nommé par l'Assemblée nationale de Bordeaux, chef du pouvoir exécutif de la République française.

Lorsque la neige commença à fondre, vers la fin de mars, j'allai visiter tout le val de Travers. Je m'arrêtai à Couvet, où je dînai chez un membre de la commission municipale de cette commune, M. Jeanneret.

Ce monsieur me racontait l'anecdote suivante, concernant l'ex-empereur :

Une lettre venant de Wilhelmshohë, où Napoléon était détenu, fut remise par erreur à une habitante de Couvet, Mme B...,

Cette dame en lisant cette lettre s'aperçut vite qu'elle ne lui était pas destinée.

On fit des recherches et on trouva à l'hôtel une autre Mme B..., la véritable, laquelle, en recevant la lettre ouverte, se prit à rougir et partit dans la journée même.

Cette lettre écrite par Napoléon lui-même, priait en substance cette dame, une de ses maîtresses, de venir le rejoindre à Wilhelmshohë, qu'il serait heureux de la revoir, etc., etc.

Ainsi cet homme, tandis que la France se débattait dans les serres du vautour qu'il avait amené, que les soldats mouraient pour la défendre, que le peuple pleurait sur ses malheurs ; lui, cet homme ! ce viveur, ce débauché, pensait à ses plaisirs, faisait venir ses maîtresses.

Oh ! le misérable !

M. Jeanneret me continuait par celle-ci, ayant trait aux officiers français :

Un corps de troupes françaises avait passé en entier dans Couvet ; une partie de ce corps logeait dans le village et le surplus avait continué sa route ; le soir, arrive un autre détachement de troupes pour loger, plus de places, tout était pris, les habitants avaient donné jusqu'à leurs lits, pour que ces malheureux soldats, dignes d'un meilleur sort, puissent se reposer ; il n'y avait de libre qu'une grande salle dans la maison de commune, où de la paille fut étendue pour les nouveaux arrivés ; parmi ces soldats se trouvaient quel ques jeunes officiers, moins un colonel d'artillerie, vieillard à cheveux blancs très respectable ; ces messieurs demandèrent à la commission où on allait les loger.

La commission répondit qu'à son grand regret, elle n'avait plus rien de libre et qu'elle ne pouvait mettre à leur disposition que cette grande salle où déjà des soldats étaient couchés, ajoutant qu'une nuit était bien vite passée, et que le lendemain on tâcherait de les caser plus convenablement ; les officiers, tous lieutenants ou sous-lieutenants, la fine fleur du pédantisme et de la bêtise, répondirent assez arrogamment, excepté le colonel : « Que les officiers français n'étaient point « habitués à être traités de la sorte, en- « core moins à coucher avec leurs soldats « et qu'ils n'acceptaient point le loge- « ment. » La commission répliqua tout en haussant imperceptiblement les épaules : « Nous sommes désolés, messieurs, « mais nous ne pouvons faire mieux pour « le moment. » Alors le colonel s'avança et dit à la commission : Puisqu'il n'y avait pas de place, qu'on se contenterait de ce qu'il y avait là, et que pour sa part il y restait. La commission trouva très digne ce vieillard sachant se mettre à la portée du moment, et méprisa, par contre, ces jeunes officiers qui, pour ne pas se trouver en contact avec leurs soldats, allèrent se coucher sur des bancs dans une autre pièce, où il gelait à fendre les pierres.

J'ai plaint vos soldats, me disait mon narrateur, mais j'ai eu triste idée de vos officiers.

Autre anecdote concernant aussi les officiers français.

Un neufchâtelois me racontait aussi, une après-midi, au café des Alpes, en face le port, ce qui suit :

Je logeais, me disait-il, quatre officiers ; un capitaine, deux lieutenants et un sous-lieutenant, et fis mon possible pour leur être agréable ; ils mangèrent plusieurs fois chez moi, et à la veille de leur départ ils ne daignèrent seulement pas me remercier de mes soins, comme si, en vérité, je leur devais cela; il est vrai, que dans l'intervalle, ils m'invitèrent à diner une fois, à l'hôtel, où je pus remarquer ceci : Ces messieurs riaient, plaisantaient, buvaient le champagne, comme s'ils avaient conquis l'Allemagne entière, oubliant totalement les défaites de leur malheureux pays; ils me scandalisèrent. D'un autre côté, à leur arrivée à Neufchâtel, au lieu de s'occuper de leurs soldats, ils allèrent bien vite chez les bijoutiers, s'acheter des montres de Genève, des bagues pour se dorer les doigts, en un mot, faire les beaux; c'était infiniment plus pressé. Et lorsque je les reconduisis au chemin de fer, eux et moi nous rencontrâmes des officiers fédéraux qui nous saluèrent ; je rendis à ces derniers leur salut, mais les officiers français n'en firent rien ; il fallut que je leur dise : « Mais, messieurs, vous ne voyez donc pas qu'on vous salue ; » alors ils firent semblant de répondre, en levant un peu leurs képis; je le répète, me disait ce monsieur, j'étais indigné, et je ne m'étonnais plus de vous savoir battus.

Je livre ces deux derniers faits, notamment, à l'impression du lecteur et ne veux plus y penser davantage. Il m'a suffi de les entendre raconter ; je rageai déjà assez de voir dans mon pays des hommes si peu dignes et d'aussi peu de cœur.

Au bout de deux mois je quittai Neufchâtel pour habiter Neuveville, village du canton de Berne, contre le lac de Bienne; à ce moment l'internement avait cessé et l'armée était rentrée en France.

C'est là que je sus, par les journaux, l'insurrection de Paris et la fuite du gouvernement de M. Thiers à Versailles.

Je suivis chaque jour les péripéties de ce long drame, qui se termina par la prise de Paris, d'assaut, et la fuite des gens de la Commune.

Ces misérables, l'écume de toute l'Europe, qui avaient la prétention de s'imposer en gouvernement, mirent, préalablement à leur fuite, le feu à nos principaux monuments, et ce n'est grâce qu'à la marche si prompte de l'armée de Versailles, que le reste de Paris pût être épargné.

Quelle longue souffrance la population

de Paris n'endura-t-elle pas pendant deux mois du gouvernement de ces bandits : vexations de toutes sortes, requisitions, pillages, arbitraires, emprisonnements et fusillades au besoin.

Ce devait être une consternation générale.

Nous devions avoir tous les malheurs à la fois ; après la guerre étrangère, la guerre civile.

Si après tout cela nous devenions sages encore...

Je suis partisan de certains principes, mais assurément pas de ceux de la Commune ; je les réprouve trop pour cela ; aussi ont-ils fait leur temps.

J'ai déploré vivement cette guerre civile, mais d'un autre côté je n'en ai pas été fâché, en ce sens, qu'une armée composée en partie de jeunes soldats, a pris Paris d'assaut, fort par fort, rue par rue, et barricade par barricade, et que les Prussiens, plus nombreux que ne l'était l'armée de Versailles, n'ont rien fait du tout en quatre mois de siége et ne l'ont pris que par la famine.

Cela m'a fait voir, que bien commandés, nous valions encore quelque chose, et m'a rendu entièrement confiant pour l'avenir. Oui! messieurs les Prussiens!. . pour l'avenir.

Quelque temps avant mon départ pour la France, j'allai, par une belle journée de printemps, faire une excursion dans les montagnes boisées, qui font face aux Alpes suisses, et respirer sous l'ombre des grands arbres, cet air pur de la liberté, que vous ne rencontrez que sur la terre helvétique.

Que je me sentais bien, et comme j'étais heureux au milieu de la solitude des bois, troublée seulement par intervalles par les chants des oiseaux, ses hôtes joyeux, et comme le lieu était bien choisi pour donner cours à toutes mes pensées.

J'étais émerveillé, surtout par cette nature riante et verte, déployant déjà son essor plein de vitalité. Je n'avais qu'un regret, alors, c'était de ne pouvoir vivre seul, au milieu de toutes ces créations de Dieu, les seules qui fussent vraies et ne trompent pas, car si vous rentrez dans ce monde que je méprise à cause de sa corruption, son égoïsme et sa méchanceté, vous n'y trouvez par contre qu'amère déception et le plus profond dégoût.

Qu'il vaudrait beaucoup mieux, s'en séparer pour jamais et vivre dans un endroit solitaire (dût-on passer aux yeux du monde pour un philanthrope original) où vous auriez le repos de l'âme et la paix du cœur.

Votre vie s'écoulerait lentement au milieu d'une famille qui ferait votre seul bonheur et contenterait votre seule ambition. Vos occupations seraient partagées entre l'entretien de votre solitude et l'éducation de vos enfants. Ce serait là à mon avis, la suprême jouissance que vous ayez pu rêver.

Mais non, au lieu de cela, vous subissez la loi commune et allez au milieu de ce tourbillon qu'on appelle le monde, y perdre vos bons sentiments et contracter ces vices qui font le malheur de notre époque. Triste humanité qui ne se sent heureuse qu'à la condition de laisser de côté toute la pureté qui la fait être le plus beau travail de Dieu.

Les temps futurs changeront-ils tout cela? Comprendra-t-on enfin que les générations ne peuvent vivre, que si elles n'ont pour base la fraternité entre elles, la proscription de toutes les guerres, le travail et l'instruction la plus large.

Toutes ces pensées me faisaient songer alors (nous étions encore en pleine insurrection) à ma pauvre France, tiraillée en tout sens, par chaque ambitieux, l'épuisant et la rongeant selon ses vues et ses intérêts; ces gens-là, me disais-je, n'ont pas assez de désintéressement pour se sacrifier au bien commun du pays; ils aiment mieux faire mourir un grand peuple, plutôt que le soigner et le guérir, alors que ses larges plaies peuvent encore se panser.

XXV.

Je quittai la libre Suisse le 1er mai. J'éprouvai à mon départ, comme malgré moi, une espèce d'émotion, un regret peut être de ne pouvoir rester dans ce pays classique de la liberté par excellence, dans ces montagnes où j'avais entendu le soir des voix jeunes et pures, chanter le *Ranz des Vaches*, chant vaudois, si cher aux Suisses et qu'eux seuls savent si bien rendre.

Le cœur me serra en entrant en France, lorsque je vis à Pontarlier les Prussiens monter la garde à nos portes.

Comme c'est dur de voir l'étranger chez soi, et comme nous devons détester les hommes qui nous l'ont amené.

Je m'arrêtai une journée à Dijon.

C'est à Dijon que j'appris un fait qui me révolta, tant je ne pouvais croire à pareille monstruosité.

Des femmes, des françaises, appartenant aux meilleures familles de cette ville, au mépris de tout sentiment national, épousaient, vous ne le devineriez pas, tant la chose est vile et basse, nos ennemis..... des Prussiens.....

Aurais-je jamais cru qu'une Française pût s'oublier à ce point? je veux croire que c'est heureusement l'exception, car alors je douterais de mon pays....

Ceci est une infamie? et c'est, alors que la paix n'était pas conclue encore, une insulte à notre malheur public.

Une grisette qui n'a, ni honneur ni foi et se vend, passe encore... mais une autre femme... oh!...

Plus que personne je respecte les inclinations des individus, mais je ne comprendrai jamais celle-là.

Honte à ces femmes que toute âme vraiment française doit regarder avec le plus grand mépris.

Puisque je suis sur ce chapitre, je continue par le fait suivant, tout aussi triste :

Une dame de R...., mère de deux enfants, femme d'un haut commerçant de cette ville, écrivait à un officier prussien, son amant, rentrant en Allemagne, une lettre dont voici à peu près le sens : « Mon « cher.... crois à la sincérité de mon « amour, crois aussi que si je n'avais pas « mes deux enfants, je te suivrais partout ; « j'espère que l'avenir me permettra de « te revoir pour, peut-être, ne te quitter « jamais. »

Je livre cette lettre d'une parfaite authenticité, puisque je l'ai vue à G.. au passage de l'officier en question, au lecteur, pour que celui-ci fasse à ce sujet toute espèce de réflexion. Moi je m'en abstiens.... je me bornerai à dire pourtant comme nous sommes tombés bas!.... et quelle idée les étrangers doivent avoir de nous. L'officier, d'origine polonaise, je crois, riait le premier de sa conquête et en était fort heureux. Oh ! la coupable femme, que de vices et d'immoralité.

Nous avons vraiment besoin d'une régénération, il est temps que nous y songions.

Le gouvernement actuel peut y contribuer beaucoup pour sa part, en donnant à chacun l'éducation et l'instruction nécessaires, qui ramèneront, je n'en doute pas, ces sentiments élevés dont on ne voyait nulle trace depuis longtemps, et en arrêtant la démoralisation des mœurs, qui est depuis trop d'années la plaie de notre époque.

Et quant à nous tous, travaillons à notre régénération aujourd'hui, demain et toujours.

Maintenant un mot aux Allemands...

Nous nous souviendrons de la guerre que vous seuls avez provoquée, déclarée par un imprudent, qui n'avait même pas les moyens de vous la faire, tandis que vous étiez préparés de longue main et guettiez le moment propice de vous jeter sur notre malheureux pays.

Nous nous souviendrons de votre roi, faisant seulement la guerre à l'empereur

Napoléon et non au peuple français, et qui, au mépris de sa parole royale, continua après Sedan, dans un but de conquête et d'agrandissement, cette guerre fratricide.

Nous nous souviendrons de ce vieillard hypocrite, qui implorait Dieu pour massacrer les peuples.

Nous nous souviendrons de vos pillages, de vos meurtres, incendies et vexations de toutes sortes.

Nous nous souviendrons des enfants et des vieillards que vous repoussiez dans les flammes à coups de baïonnette, à Bazeilles, lorsque vous mîtes le feu à ce village.

Nous nous souviendrons de vos exigences, de votre rapacité, modernes vandales, car si on vous gratte un peu, l'on retrouve en vous l'ancien germain, si célèbre autrefois par ses déprédations. Ne le dépassiez-vous pas un peu?

Nous nous souviendrons de vos généraux auxquels on demandait s'ils s'exprimaient assez bien en français et qui répondaient qu'ils en savaient assez pour donner l'ordre de brûler les villages et fusiller les francs-tireurs.

Nous nous souviendrons de vos autres officiers auxquels il fallait à chaque repas servir du champagne ; ces honorables messieurs n'étant habitués à boire que de ce vin.

Nous nous souviendrons de tous vos traîneurs de sabre, qui passent sur les trottoirs de nos villes avec cette roideur et cet orgueil germanique leur seyant si bien.

Nous nous souviendrons de nos malheureux prisonniers, auxquels vous donniez du pain noir à manger, tandis que vous mangiez notre pain blanc.

Nous nous souviendrons de la paix honteuse que nous avons dû subir.

Nous nous souviendrons de la cession de territoire.

Nous nous souviendrons de nos cinq milliards d'indemnité.

Nous nous souviendrons de notre humiliation.... enfin !

Oui ! messieurs les Allemands..... nous

nous souviendrons . . . .

. . . .

. . . .

A présent je termine en disant que si, à la suite des faits rapportés dans ce livre, mes attaques, expressions vraies de mon indignation et de mon patriotisme, ont été parfois violentes et par trop générales, il n'est pas entré dans mon esprit de les appliquer aux personnes braves et honnêtes qui ont eu dans toute cette crise à cœur de faire leur devoir, mais bien à celles qui, par leurs fautes, leurs lâchetés et leurs trahisons, ont contribué au malheur de notre pays.

Celles-là, sont parmi nous, je l'espère, qu'en infime majorité, c'est ce qui me rassure complétement pour l'avenir de la France.

FIN.

Rouen — Imp. H. Boissel.

www.ingramcontent.com/pod-product-compliance
Ingram Content Group UK Ltd.
Pitfield, Milton Keynes, MK11 3LW, UK
UKHW020123200726
13856UKWH00002B/699

9 782011 757074